AF185716

77 mal
Freundschaft

Schön, dass es dich gibt

Rainer Haak

1. Weißt du noch?

Draußen fror ein dunkler, regnerischer Novembertag vor sich hin. Bei mir im Wohnzimmer war es warm und gemütlich. Ich hatte mir endlich einmal die kleine rote Kiste vorgenommen, in der sich unsortierte Fotos aus vielen Jahren stapelten. Schnell war ich eingetaucht in alte Erinnerungen.

»Wie haben wir uns doch alle verändert!«, dachte ich immer wieder und wurde fast etwas wehmütig. »Hier, sie war damals noch ein Kind und ist heute schon selbst Mutter. Wie schön, dass ich bei vielen Menschen miterleben durfte, wie sie heranwuchsen und älter wurden.«

Ich kramte weiter. Plötzlich entdeckte ich eine junge Frau, die übermütig in die Kamera lächelte. »Wer war das noch mal?« Ich hatte keine Ahnung. Nach der Kleidung zu urteilen, war das Foto schon etliche Jahre alt.

Schließlich fiel es mir ein. »Das war Uta, bestimmt!« Uta war eine gute Freundin, aber irgendwann haben wir uns aus den Augen verloren. Ich habe nie wieder etwas von ihr gehört.

Dann hielt ich das Hochzeitsfoto eines jungen Paares in der Hand. Ich war damals zur Hochzeit eingeladen.

Wieder musste ich überlegen, wer die beiden waren. Mir fielen nur noch die Vornamen ein.

Noch mehrmals tauchten Personen auf, die mir einmal nahestanden und denen ich schon lange nicht mehr begegnet bin. Dabei waren wir doch damals gut befreundet, haben fröhliche Abende miteinander verbracht und etliche Erfolge und Enttäuschungen miteinander geteilt.

Wie kam es dazu, dass wir uns voneinander entfernt haben? Einige Freundschaften sind nach einem Umzug eingeschlafen, andere endeten nach einer heftigen Auseinandersetzung. Mal hatten sich die Interessen geändert, mal war anderes wichtiger, als den Kontakt zu halten.

Ich war nicht traurig, als ich die Fotos wieder in die Kiste legte. Eher dankbar. In allen Lebensabschnitten gab es Menschen, denen ich mich verbunden fühlte, mit denen ich gelacht, diskutiert und Abenteuer erlebt habe.

Ob ich versuchen sollte, wieder Kontakt mit ihnen aufzunehmen? Ich überlegte kurz, dann dachte ich an die vielen Freunde, die heute mein Leben bereichern. »Lass es gut sein!«, sagte ich zu mir und klappte die rote Kiste mit einem Lächeln wieder zu.

2. So vielfältig

Wir sind schon lange befreundet.
Ich erinnere mich an so vieles:
Wir haben gemeinsam ...
... den alten Schuppen renoviert.
... die lustige Gartenparty vorbereitet.
... für die wichtige Prüfung gelernt.
... vegane Kochrezepte ausprobiert.
... eine unvergessliche Fahrradtour unternommen.
... den bitteren Abschied betrauert.
... deinen Lieblingssong gesungen.
... über den Sinn des Lebens diskutiert.
... die Geburtstagsüberraschung vorbereitet.
... Scherben eingesammelt.
... das alte Motorrad repariert
und einen riesigen Schokoladenkuchen gebacken.

Irgendwann haben wir gemeinsam festgestellt:
Freundschaft kann erstaunlich vielfältig sein.

3. Neueröffnung

Sandra war wieder einmal völlig übermüdet und fühlte sich schrecklich einsam. Ganz in Gedanken versunken, schlenderte sie durch die Einkaufsstraße. Als sie um die Ecke ging, stutzte sie. Der Eckladen hatte fast ein Jahr lang leer gestanden. Sie erinnerte sich noch an den ausgeblichenen Hinweis in Orange: »Zu vermieten!«, der monatelang im Schaufenster hing. Jetzt strahlte der Laden in neuem Glanz. Sandra freute sich, dass sich endlich jemand getraut hatte, hier sein Glück zu versuchen.

Im Schaufenster lächelten einige Frauen und Männer. Ihre Porträtfotos waren dort ausgestellt. »Wie nett!«, dachte sie. »Vielleicht ist das ein Fotoladen?«

Dann fiel ihr das große Plakat zwischen den Bildern auf. »Suchen und finden Sie den Menschen, mit dem Sie gern einen Kaffee trinken und über alles reden können. Überlassen Sie Ihre Freundschaften nicht dem Zufall!«

Sandra war irritiert. Ob es sich um eine Art Partnervermittlung handelte? Ihre Neugier war geweckt. Sie wollte es jetzt wissen. Mutig betrat sie den Laden.

Eine junge Frau, die ihr gewinnend zulächelte, begrüßte sie. »Herzlich willkommen! Was können wir für Sie tun?«

Sandra sah sich im Laden um. Überall lächelten ihr vorteilhaft fotografierte Menschen entgegen. »Worum geht es hier im Laden, äh, in dem Ausstellungsraum?«

Die junge Frau kam näher. »Die meisten Menschen haben heutzutage das Problem, nur noch sehr schwer Freunde zu finden. Wir kürzen die Suche für sie ab. Freundschaft ist unsere Mission.«

Sandra sah sich einige Fotos an. »Nett sehen die aus.«

Die Mitarbeiterin nickte zustimmend. »Ja, die sind alle erstklassig. Die warten auf gute Freundschaften. Was wünschen Sie sich, einen Freund oder eine Freundin?«

Sandra schluckte. Dann flüsterte sie: »Gern eine Freundin.«

»Dann erzählen Sie doch bitte, was versprechen Sie sich von der Freundin und Ihrer neuen Freundschaft?«

Sandra überlegte kurz. »Sie sollte bereit sein, mich zu verstehen. Sie sollte mich schätzen und zu mir halten. Sie sollte zu mir stehen, egal was passiert. Sie sollte ...«, Sandra überlegte wieder, »... also Humor sollte sie schon haben. Und sportlich sollte sie sein. Vielleicht auch gern zusammen mit mir kochen.«

Die junge Frau gab Sandra ein Stück Papier. Darauf stand groß »Gutschein«. Sie lächelte mindestens so freundlich wie die Menschen auf den Fotos. »Wir finden etwas für Sie. Das ist schließlich unsere Mission,

unsere Leidenschaft. Kommen Sie morgen mit diesem Gutschein wieder.«

In der nächsten Nacht hatte Sandra lauter verrückte Träume. Sie lief mit einem Einkaufswagen durch eine Menschenansammlung und suchte sich lauter Freundinnen aus.

Gleich morgens ging sie wieder in die Innenstadt. Was so eine Vermittlung wohl kosten wird, überlegte sie. Auf der Rückseite des Gutscheins stand in kleiner Schrift: »Sagen Sie selbst, was es Ihnen wert ist!«

Aufgeregt erreichte sie den neuen Laden an der Ecke. Sie traute ihren Augen nicht. Der Laden war leer. Im Schaufenster klebte ein ausgeblichenes Plakat in Orange: »Zu vermieten!«

4. Oasen in der Wüste

Ein herzliches Lächeln,
ein offener Blick,
eine einladende Hand,
ein verständnisvolles Wort,
ein offenes Herz ...

Oasen in der Wüste unserer Welt,
Orte, wo das Leben einlädt,
Rast zu machen.

5. Manchmal brauchst du einen Engel

Susanne hatte die Pause dringend gebraucht. Der Kaffee schmeckte lecker. Jetzt war es aber dringend Zeit, die Unterlagen abzugeben. Sie stand auf. »Hoffentlich wird alles gut!«, sagte sie mit einem leichten Seufzen und verließ das kleine Café.

Als sie sich schon ein ganzes Stück vom Café entfernt hatte, hörte sie ein angestrengtes Keuchen hinter sich. »Du hast deinen Rucksack am Tresen vergessen!« Susanne bekam einen Schreck. Aufgeregt öffnete sie den Rucksack. Gott sei Dank, die Unterlagen waren noch da!

Aber der Engel war schon wieder verschwunden. Er sah so ähnlich aus wie der junge Mann, der ab und zu im Café aushilft.

So ein Pech! Der Bus zum Hauptbahnhof war gerade abgefahren und der nächste kam erst in einer halben Stunde – zu spät! Alice stand da mit ihrem Koffer und sah verzweifelt aus. Plötzlich hielt ein großes Auto neben ihr. »Kann ich Sie mitnehmen?«

Am Bahnhof wünschte ihr der Engel noch eine gute Reise. Er sah aus wie der Filialleiter aus der Bank bei ihr um die Ecke.

Harald ging mit unsicherem Schritt am Fluss entlang. Zum Glück sah er eine Bank. Jemand saß schon dort. »Darf ich mich zu Ihnen setzen?«, fragte er. Seine Augen waren feucht. Er konnte die Person nicht richtig erkennen. »Gern!«, antwortete jemand mit tiefer Stimme.

Nach einiger Zeit begann Harald zu reden. Er erzählte von seiner großen Liebe. Mehrmals musste er eine Pause machen, weil seine Stimme versagte. Der Mann hörte zu, ohne etwas zu sagen. Harald redete immer weiter. Es tat ihm gut. Schließlich sagte er: »Danke, dass Sie mir zugehört haben! Das habe ich jetzt gebraucht.«

Der Engel erhob sich und ging den Weg zum Fluss hinunter. An jedem Papierkorb machte er halt. Einmal fischte er eine Pfandflasche heraus.

Wann ist Ihnen zum letzten Mal ein Engel begegnet? Kam er Ihnen bekannt vor? Wer weiß, vielleicht hat er sich sogar extra für Sie verkleidet.

6. Magische Begegnungen

Für zwei Stunden im selben Abteil.
Am Ende kam es uns vor,
als würden wir uns schon
eine Ewigkeit kennen.

Auf einer Feier erblickt.
Irgendwie kamen wir ins Gespräch.
Plötzlich sagtest du:
Wir sind ja Seelenverwandte!

Das Paket war viel zu groß.
Du hast einfach mit angepackt.
Jetzt sitzen wir im Café
und reden über viel zu große Pakete.

Hinter dir in der Warteschlange.
Wir haben gelacht wie alberne Kinder.
Der Nächste, bitte!
Schade, du bist schon dran!

Wo geht es zum alten Schloss?
Du hast mir den Weg gezeigt
und plötzlich gingen wir gemeinsam
durch die ehrwürdigen Räume.

Du kamst aus dem Laden
und hast mich angesprochen.
Ich weiß nicht warum.
Wir konnten kein Ende finden.

Eine kurze Pause am Brunnen.
Du sitzt schon da.
Das Wasser tut gut.
Dein Lachen sprudelt noch lange.

7. Das zweite Wohnzimmer

Gerda hatte schon länger überlegt, ihren kleinen Laden zu schließen. Die Umsätze gingen bereits seit Jahren immer weiter zurück. Vor allem ältere Menschen ohne Auto kamen zu ihr, um Kleinigkeiten einzukaufen und zu klönen und manchmal auch einen Kaffee zu trinken. Mütter kamen, um schnell Dinge zu besorgen, die für das Mittagessen oder den unerwarteten Besuch fehlten. Handwerker kamen in der Mittagspause, dafür hatte sie immer ein paar belegte Brötchen im Verkaufstresen. Und manche kamen auch einfach so, um Guten Tag zu sagen und zu erfahren, was im Dorf passiert ist.

Gerda hatte den Laden vor vielen Jahren von ihrer Mutter übernommen. Damals konnte man noch gut davon leben. Heute war es eher ein Hobby, das viel Arbeit machte und wenig Geld einbrachte.

Inzwischen war auch Gerda alt geworden, so wie damals ihre Mutter. Doch sie liebte es immer noch, geschäftig zwischen den Kunden herumzuwirbeln und die gewünschten Waren herauszusuchen. Sie genoss es, immer Leben um sich zu haben und als gute Freundin oder Seelsorgerin etwas für die Menschen im Dorf zu tun.

Als der neue Discounter am Ende ihrer Straße seine Pforten öffnete, stand Gerdas Entschluss fest: Die letzten Tage ihres Wohnzimmerladens waren gekommen. Es hieß, Abschied zu nehmen und die neue Zeit mit ihren Veränderungen zu akzeptieren.

Der letzte Tag im Laden sollte für sie eigentlich ein Tag wie jeder andere werden. Außer den reduzierten Preisen und der fehlenden Mittagspause war nichts geplant. »Die Zeit geht weiter«, sagte sie zu ihrer Nichte, die ihr an diesem Tag half. »Bald wird uns keiner mehr vermissen.«

Doch es kam anders. Den ganzen Tag über war es in dem kleinen Laden so voll, dass viele draußen warten mussten. Die meisten kamen, um sich zu bedanken. »Hier wurde ich immer persönlich mit Namen begrüßt«, sagte eine ältere Stammkundin mit glänzenden Augen, »und hier war immer Zeit für ein Gespräch oder auch für ein tröstendes Wort.«

Viele brachten Blumen mit, etliche kämpften mit den Tränen. Gerda konnte es kaum fassen, als sich der Laden mit Blumen und Geschenken füllte. »War ja doch alles nicht umsonst«, flüsterte sie ihrer Nichte augenzwinkernd zu.

Als gegen 18 Uhr noch die Freiwillige Feuerwehr vorfuhr und dabei für einen Moment die Sirene ertönte, ließ sich Gerda sogar zu einer kurzen Rede hinreißen. »Ganz gerührt bin ich. Ich wusste gar nicht,

was dieser kleine Laden für euch alle bedeutet hat. Einige haben mir heute verraten, dass er für sie wie ein zweites Wohnzimmer war. Da bleibt mir nur noch zu hoffen, dass es für mich und für euch alle immer ein Wohnzimmer gibt, in dem wir willkommen sind!«

8. Gut gemacht!

Die beiden Freundinnen saßen wieder einmal gemütlich bei einem guten Tee zusammen. Plötzlich stellte Bea ihre Tasse beiseite und blickte der Freundin fest in die Augen. »Ich muss dir einmal sagen, wie gut mir die Gespräche mit dir tun. Wenn ich Sorgen und Probleme habe, baust du mich immer wieder auf. Du machst mir Mut, weiterzumachen oder es anders zu versuchen. Du traust mir zu, dass ich es schaffe. Und du zeigst mir jedes Mal, dass ich für dich ein ganz besonderer Mensch bin. Das tut so gut! Ich glaube, du hast die besondere Gabe, in jedem Menschen das Gute zu sehen.«

Die Freundin lächelte versonnen. »Ich will dir etwas erzählen. Als Kind wurde ich von meinen Eltern niemals gelobt. In ihren Augen habe ich alles falsch gemacht. Dabei hätte ich mir so sehr gewünscht, dass sie mich anstrahlen und mir etwas zutrauen würden. Ich kam mir vor, als wäre ich ein Nichts. Ich wurde immer unsicherer. Als meine beiden Kinder geboren waren, nahm ich mir vor, es anders zu machen. Ich lobte sie, wo es ging, und sagte ihnen oft, wie sehr ich sie liebe und mich über sie freue. Und stell dir vor: Ich konnte erleben, wie sie aufblühten und selbstbewusste,

fröhliche junge Leute wurden. Du kennst sie ja auch ein wenig und wirst es bestimmt auch so sehen.«

Bea nickte zustimmend. »Ja, da hast du recht. Du hast wunderbare Kinder.«

Die Freundin schenkte Bea noch einmal Tee ein. »Heute ist mir klar, dass Lob und Zuspruch die größten Geschenke sind, die wir einem Menschen mitgeben können. Und noch etwas habe ich festgestellt: Positive, ermutigende Gedanken tun nicht nur den anderen gut, sondern ganz besonders auch mir.«

»Genau so ist es«, sagte Bea. »Ich sehe es an deinen Augen.«

9. Irgendwann

Viel zu lange: »Irgendwann!«
Viel zu lange: »Lass uns warten!«
Viel zu lange aufgeschoben.
Viel zu lange ohne Ziel.

Viel zu lange nicht gesehen,
aus den Augen, aus dem Sinn!
Viel zu lange fast vergessen,
was uns wirklich wichtig ist.

Viel zu lange ohne Lachen,
ohne Himmel, ohne Herz.
Viel zu lange nur gegrübelt,
ob der Wind noch einmal weht.

Komm, wir öffnen unsre Flügel,
springen tanzend in den Sturm.
Unser Herz bestimmt die Richtung
und der Himmel zeigt das Ziel.

10. Leere Straßen

Kira schüttelte verärgert den Kopf. »So viel Unfreundlichkeit, wie mir heute wieder begegnet ist, schrecklich! Stell dir vor, unsere Nachbarin von oben ist einfach so an mir vorbeigegangen. Nicht mal gegrüßt hat sie. Und der Hausmeister blubberte mich an, ob ich mein Fahrrad nicht auf die andere Seite stellen kann. Als ob mein Fahrrad hier an der Mauer jemanden stören würde!«

Stefan versuchte, sie zu beruhigen. »Die Nachbarin pflegt doch gerade ihren Vater, seit er aus dem Krankenhaus zurück ist. Sie fährt jeden Tag zu ihm aufs Dorf. Ich glaube, die bekommt vieles um sich herum gar nicht mehr richtig mit.«

Kira schüttelte wieder den Kopf, vielleicht noch etwas heftiger als eben. »Also, ich bin doch wirklich nicht zu übersehen und zu überhören!«

Stefan nahm sie in den Arm. »Das ist von ihr bestimmt nicht böse gemeint. Und der Hausmeister tut nur seine Pflicht.«

Sie entzog sich abrupt seiner Umarmung. »Ach du, du hast immer für jeden Verständnis. Und was ist mit mir? Wo bleibe ich? Lasst mich doch alle in Ruhe!«

Verärgert stolperte sie ins Schlafzimmer. Sie wollte jetzt nur noch allein sein mit ihrer Wut und ihrem

Schmerz. Obwohl es früher Nachmittag war, legte sie sich angezogen aufs Bett. Sie fühlte sich schlapp und müde.

Nach einiger Zeit spürte sie den Drang, an die frische Luft zu gehen. Leise schlich sie sich aus der Wohnung, damit Stefan sie nicht hörte. Draußen wehte ein frischer Wind.

Kira atmete tief durch. Das tat gut. Sie ging langsam Richtung Stadtmitte. Vorsichtig blickte sie sich um, ob bekannte Gesichter zu sehen waren. Doch die Straßen waren völlig leer. Jetzt mitten am Tag? Verdutzt rieb sie sich die Augen und schluckte.

Sie entschied sich, in ihre Lieblingsbuchhandlung zu gehen. Doch der Laden war geschlossen. »Wollen die nichts verkaufen?«, dachte sie ärgerlich.

Inzwischen hatte sie die kleine Innenstadt erreicht. Auch hier war kein Mensch zu sehen. »Läuft Fußball im Fernsehen?«, fragte sie sich auf der Suche nach einer Erklärung. »Um diese Zeit?«

Sie lief jetzt schneller. Ihr war unheimlich zumute. Vor dem Supermarkt machte sie abrupt halt. Sie betrat den Laden, er war zum Glück geöffnet. Die grellen Lichter blendeten sie. Sie sah sich um. Niemand saß an den Kassen. Niemand ging mit dem Einkaufswagen durch die Gänge. Niemand füllte Ware nach und versperrte ihr mit den großen Kartons den Weg.

Ein mulmiges Gefühl stieg in Kira hoch. »Ist etwas passiert? Wo sind all die Menschen geblieben?« Sie kam sich vor wie in einem Thriller oder Horrorfilm. Nur war sie keine Zuschauerin, die den kalten Schauer genoss, sondern sie spielte selbst mit. Kira lief aus dem Laden. Sie blickte nach oben und sah, wie der Himmel sich verfinsterte. Sie fühlte sich allein und hilflos. »Wo seid ihr denn alle?«, schrie sie in die Leere hinein.

Plötzlich spürte sie, dass sie heftig geschüttelt wurde. Jemand rief: »Geht es dir nicht gut? Hast du schlecht geträumt?« Es war die vertraute Stimme von Stefan.

Kira sah sich unsicher um. Sie lag angekleidet auf dem Bett. »Wo bin ich?«, fragte sie benommen.

»Du hast geschlafen. Komm, lass uns einen kleinen Spaziergang machen.«

Es dauerte eine lange Minute, bis Kira endlich Erleichterung und Freude spüren konnte. »Ja gern, das wird mir guttun.«

Als sie aus der Haustür traten, freute sie sich über den frischen Wind. Sie blickte die Straße hinunter. Etliche Menschen waren unterwegs. Sie umarmte Stefan und streichelte seine Hand. Der Hausmeister kam vorbei. »So, ich bin für heute fertig. Ich liebe diesen Wind. Einen schönen Abend wünsche ich noch!« Kira rief ihm hinterher: »Genießen Sie den Feierabend!«

Dann blickte sie zurück zu ihrem Haus. Oben im ersten Stock stand die Nachbarin auf dem Balkon. Sie winkte ihnen zu. Kira strahlte und winkte zurück.

11. Die Träumerin

Sie ist eine Träumerin,
sie war es schon immer.
Sie träumt sich hinaus
in die Sonne und den Wind,
zu den Bäumen und ins hohe Gras.
Ihr Leben ist ein Traum.

Sie liebt das Leben,
sie tat es schon immer.
Sie liebt den Wind und die Sonne,
legt sich ins hohe Gras
und blickt empor zu den Bäumen.

Sie ist eine Träumerin
mit den schönsten Träumen
von Sonne und Wind,
von Bäumen und Gras.
Sie träumt das Leben
und lebt den Traum.

Hör auf zu träumen,
sagen ihr die vielen,
die keine Träume haben.
Komm lieber zu uns
in die Wirklichkeit,
wohltemperiert in den Büros
und den Wohnzimmern mit Bildschirmen
voller Bäume und Gras.

Sie ist eine Träumerin.
Sie spürt die Sonne und den Wind.
Sie liegt im Schatten der Bäume
und riecht das Gras und die Kräuter.
Sie hört den Herzschlag des Lebens –
ein einziger, lebendiger Traum.

12. Mein Lieblingsbaum

Es war spät geworden auf der fröhlichen Garten-party bei Svea und Harald. An diesem herrlichen Sommerabend war es trotz der späten Stunde immer noch angenehm warm. Der »harte Kern« war bis jetzt geblieben. Steffi saß versonnen auf der Schaukel im Kirschbaum, die tagsüber den Kindern gehörte.

»Du wärst wohl auch gern noch einmal ein kleines Kind, das im Garten spielt«, rief Harald lachend in ihre Richtung.

Steffi nickte und blickte fröhlich und zugleich weh-mütig in die Runde. »Ich sehe mich gerade auf der Schaukel bei meiner Oma, da war ich fünf oder sechs Jahre alt. Das war eine schöne Zeit damals. Ich habe sie beide geliebt, meine Oma und den Kirschbaum.«

Sie wischte sich kurz die Augen. »Der Kirschbaum steht übrigens heute noch. Er erinnert mich an La-chen und fröhliches Spielen. Manche Bäume können Geschichten erzählen, glaube ich, fröhliche und trau-rige.«

Lisa und Max hatten während der ganzen Zeit ge-meinsam neben der Schaukel gestanden. Lisa nahm ihren Liebsten kurz in den Arm, dann sagte sie feier-lich: »Unser Baum ist eine riesige, alte Buche. Da ha-

ben wir uns immer heimlich getroffen, als noch niemand etwas von unserer Liebe wissen sollte. Irgendwann hat Max ein Herz für uns in die Rinde geschnitzt. Das ist heute noch zu erkennen. An besonderen Tagen, wenn wir etwas zu feiern haben, besuchen wir unseren Baum. Irgendwie hängt unser Herz an dieser alten Buche.« Sie malte ein imaginäres Herz in die Luft.

Max, der meistens nicht viele Worte machte, fügte trocken hinzu: »Ich sage immer, es ist ein Baumtattoo.«

»Mein Herz hängt an einem Apfelbaum«, rief Svea aus dem Hintergrund. »Er ist genauso alt wie ich.« Sie trat ein paar Schritte vor. »Als ich geboren war, hat mein Vater ihn gepflanzt. Für mich war es immer mein Baum, fast wie eine Schwester oder ein Bruder. Wenn Erntezeit ist, besuche ich meine Eltern, die beide noch dort leben. Dann pflücke ich alle Äpfel, die ich mit der Leiter und dem Obstpflücker erreichen kann. Einen Teil der Ernte nehme ich mit nach Hause. Harald freut sich dann immer schon auf einen leckeren Apfelkuchen nach unserem alten Familienrezept.«

Harald deutete ein genussvolles Schmatzen an. »Den Apfelkuchen von Svea müsst ihr unbedingt mal probieren. In gut zwei Monaten ist es wieder so weit. Manchmal darf ich beim Pflücken helfen. Aber Svea hat Angst, dass ich vom Baum falle. Weil ich doch so

gern in Bäumen klettere. Aber ich bin noch niemals vom Baum gefallen. Als Kind war ich ständig auf einer Eiche im Park. Von da oben konnte ich alles beobachten, ohne dass mich die anderen sahen.«

Steffi saß immer noch auf der Schaukel. Sie nahm noch einmal ordentlich Schwung. Dann rief sie: »Habe ich doch gesagt, manche Bäume können Geschichten erzählen.«

13. Offene Herzen

Ich suche keine perfekten Gastgeber,
die alles richtig vorbereiten
und durchführen,
die nie einen Fehler machen,
die verbindlich lächeln
und gekonnt Konversation betreiben.
Ich suche nichts anderes
als ein offenes Herz,
das sich über mein Kommen
»von Herzen« freut.

Ich suche kein exklusives Haus
mit vornehmem Mobiliar
und modernen Bildern an den Wänden.
Ich suche nichts anderes
als einen Ort,
an dem ich mich mit euch zusammen
wohlfühlen darf.

Offene Herzen,
offene Häuser –
meistens sind sie zusammen anzutreffen.

14. Wann treffen wir uns?

»Wann treffen wir drei wieder zusamm'?«
»Um die siebente Stund', am Brückendamm.«
»Am Mittelpfeiler.«
»Ich lösch die Flamm'.«
»Ich mit.«
»Ich komme vom Norden her.«
»Und ich vom Süden.«
»Und ich vom Meer.«

Sie kennen diesen Anfang der Ballade »Die Brücke am Tay« von Theodor Fontane? Nun, die drei hatten nichts Gutes im Sinn. Aber das müssen wir ihnen ja nicht nachmachen.

Was machen wir, wenn wir uns nach längerer Zeit wieder einmal treffen? Es gibt sicherlich vieles zu erzählen. Es gibt vielleicht auch einiges nachzuholen. Dies oder jenes wollten wir immer schon einmal tun. Und ein wenig verrückt darf es gern sein. So wie immer oder ganz anders.

Treffen wir uns bei dir oder bei mir? Oder einfach in der Mitte? Wir freuen uns schon darauf. Wir bringen Zeit mit und Begeisterung.

15. Ein neuer Start

Markus und Sandra waren vor ein paar Monaten in einen weit entfernten Ort gezogen. Für Markus war es die berufliche Chance seines Lebens gewesen. Sie hatten eine schöne Wohnung gefunden und fühlten sich in der neuen Umgebung bereits wohl. Schließlich machten andere Menschen dort Urlaub – die Berge, der Fluss, die romantischen Ortschaften.

Eins jedoch fehlte den beiden sehr – die Menschen, die sie in der alten Heimat zurückgelassen hatten. Jetzt wollten sie so schnell wie möglich neue Kontakte knüpfen. Sandra war diejenige von ihnen, die gut auf andere zugehen konnte. Eines Tages überraschte sie Markus: »Du erinnerst dich an die beiden Paare, die wir bei der Ausstellung getroffen haben? Ich habe sie eingeladen. Jetzt haben wir zwei Termine, diesen und nächsten Samstag.«

Sandra hatte den Esstisch liebevoll geschmückt. Gemeinsam standen sie in der Küche. Kochen war schon immer ihr Hobby.

Es klingelte. Herr und Frau M. standen mit einem großen Blumenstrauß vor der Tür. »Herzlich willkommen!«, bat Sandra sie herein. Die Gäste waren es gewohnt, sich in fremder Umgebung zu bewegen, das

wurde schnell deutlich. Herr M. war im Vorstand einer örtlichen Firma, die im ganzen Land einen guten Ruf hatte. Er erzählte von seiner Arbeit und von der Filiale im Ausland, die gerade gegründet wurde. Außerdem erfuhren die Gastgeber, dass er sich auch sozial und kulturell vielfältig engagierte. »Wenn Sie wollen, kann ich Ihnen gern Kontakte vermitteln. Das ist die beste Möglichkeit, hier Wurzeln zu schlagen und Bekanntschaften zu schließen.«

Auch Frau M. erzählte viel von sich. Es machte Spaß, ihr zuzuhören. Sie war überaus charmant. Sie malte, hatte ein eigenes Atelier und stellte in verschiedenen Galerien aus. Sie sprach mehrere Sprachen. »Wir sind viel unterwegs und lieben Fernreisen. Da ist es gut, sich überall verständigen zu können.« Außerdem liebte sie es, ihr Haus zu dekorieren. Sie hatten gerade neu gebaut, oben am Berg mit Blick über die ganze Stadt. »Ich richte immer noch ein und suche stets ein paar ungewöhnliche Stücke. Wenn Sie Interesse haben, kann ich Ihnen gern den einen oder anderen Tipp geben.«

Als die Gäste um kurz vor Mitternacht gegangen waren, räumten Markus und Sandra auf und setzten sich noch ein wenig zusammen. »Interessante Leute! Hat zum Glück alles gut geklappt!«, sagte er zufrieden. »Das Essen hat ihnen geschmeckt. Es sind richtige Feinschmecker. Toll, dass wir sie kennenlernen durften. Sie werden uns bestimmt mal in ihr neues Haus einladen!«

Eine Woche später kamen die nächsten Gäste, das Ehepaar S. Die beiden führten einen kleinen Teeladen in der Stadt und wohnten etwas außerhalb in einem ehemaligen Bauernhaus, so erzählten sie.

Sie waren begeistert vom Essen, das Markus und Sandra zubereitet hatten. »Wie schön, dass Sie beide gern kochen. Wir werden ja richtig verwöhnt!«

Sie erzählten, warum sie auf dem alten Hof lebten. Sie liebten Tiere, die Natur und das einfache Leben. »Aber jetzt erzählen Sie doch einmal. Das war doch bestimmt nicht einfach, Ihre Heimat zu verlassen und hier neu anzufangen.«

Es wurde ein lebendiger Austausch an diesem Abend. Markus und Sandra staunten, wie offen und locker sie mit den Gästen reden konnten, obwohl sie sich doch bisher kaum kannten. Gegen Mitternacht räumten alle vier noch gemeinsam das Geschirr und die Gläser ab. »Vielen Dank noch einmal für die Einladung und den schönen Abend. Wir haben uns bei Ihnen richtig wohlgefühlt. Bis bald!«

Wieder setzten sich Markus und Sandra hinterher noch zusammen. »Das war ein schöner Abend, den ich nie vergessen werde!«, sagte Sandra und strahlte ihren Mann an. »Vielleicht haben wir ja die ersten Freunde in unserer neuen Heimat gefunden.«

Markus schaute sie erstaunt an. Dann nickte er.

16. Himmlische Freundschaft

Kürzlich sagte mir eine junge Frau: »Gott ist für mich wie ein Freund. Einer, der immer für mich da ist. Oder wie eine gute Freundin.«

Zuerst war ich sprachlos. Oft höre ich, dass Menschen völlig andere Vorstellungen von Gott haben: Für sie ist Gott der König oder der Richter oder ein mächtiger Herrscher, vielleicht auch der liebevolle, aber strenge Vater. Für andere ist Gott eine unendliche Energie, die Kraft, die alles zusammenhält, die Fülle des Guten oder das Prinzip »Liebe«. Große Nähe spricht nicht aus all diesen unterschiedlichen Gottesbildern.

Aber Gott als Freund oder Freundin? Das hörte sich für mich sehr nah, fast intim an. Die junge Frau sah meine Ratlosigkeit. »Freundschaft heißt doch Liebe und Vertrauen, Nähe und Zuneigung. Das alles empfinde ich auch, wenn ich an Gott denke.«

Ich nickte, als würde ich verstehen. »Aber Freunde kannst du treffen und mit ihnen reden und etwas mit ihnen unternehmen.«

Sie lächelte. »So ist es. Gott kann ich treffen, er ist schließlich immer bei mir. Ich kann mit ihm reden, auch wenn ich seine Art zu reden oft nicht verstehe.

Halt finden in unsicheren Zeiten

Viele Konflikte in der Welt spitzen sich zu, persönliche Krisen bleiben nicht aus. Es ist schwer, angesichts all dessen Hoffnung zu bewahren und sich den eigenen Ängsten zu stellen. Bestsellerautorin Margot Käßmann nähert sich diesen Themen aus biblischer und theologischer Sicht, aber auch ganz persönlich. Sie musste selbst mit schwerer Erkrankung umgehen und kennt das Gefühl der Bedrängnis. Aber sie weiß auch: *»Für mich ist der christliche Glaube ein entscheidender Lebensanker. In Gott kann ich Ruhe, Frieden, Lebensmut, Hoffnung finden.«*

Margot Käßmann
Farben der Hoffnung
Hardcover mit Schutzumschlag
192 Seiten · 13,5 × 21,5 cm
Durchgehend farbig
ISBN 978-3-96340-225-8
€ (D) 22,00 · € (A) 22,70

**Mit leuchtenden Bildern
von Eberhard Münch**

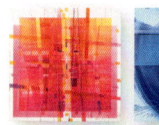

Und ich kann etwas mit ihm unternehmen, das ist mein Leben. Er ist dabei.«

»Aber Gott ist ein ganz besonderer Freund oder eine außergewöhnliche Freundin, oder?«, versuchte ich, die Sache noch zu relativieren. »Gott ist doch kein Kumpel.«

»Ja«, antwortete sie, »ganz besonders und außergewöhnlich.«

Ich nickte, um zu zeigen, dass ihr Vergleich mit der Freundschaft doch etwas hinkt. »Gott ist eben einmalig, stimmt's?«

»Gott ist einmalig, das stimmt. Gott ist Gott.« Sie überlegte kurz, dann fügte sie schnell hinzu: »Aber auch meine Freunde und Freundinnen sind einmalig!«

17. Licht im November

Manchmal träume ich,
dass ich durchs Moor irre,
getrieben von einem kalten Novembersturm
und vom prasselnden Regen
bis auf die Haut durchnässt.
Es ist finstere Nacht
und mein Lebensmut wird kleiner und kleiner.

Plötzlich taucht in der Dunkelheit
ein schwaches Licht auf.
Ich komme näher
und erkenne ein einsames Haus,
dessen Wärme durch die Fenster strahlt.

Manchmal erlebe ich solche Fenster,
Fenster zu Wohnungen, Menschen, Herzen.
Ich darf eintreten
und die kalte Novembernacht
hinter mir lassen.

18. Ein neuer Bewohner

Vor zwei Jahren entdeckten wir ein neues Gesicht – direkt bei uns gegenüber. Dort befindet sich ein Seniorenheim. Der Mann sah schon älter aus und konnte nur wenige Meter mit einer Gehhilfe bewältigen. Aber es reichte, um auf die kleine Terrasse zu kommen. Mehrmals am Tag kam er heraus und fiel erschöpft auf den Stuhl. Dort saß er und rauchte eine Zigarette. Von der Umgebung schien er nichts mitzubekommen.

Von einem unserer Fenster konnten wir genau auf seine Terrasse blicken. Ob er auch zu uns emporsah? Als die Adventszeit begann, besorgten wir einen großen leuchtenden Stern – für das Fenster und für ihn. Am nächsten Tag gingen wir am Zaun vor seiner kleinen Terrasse vorbei. Er saß auf seinem Stuhl und rauchte. Wir riefen ihm zu, dass da oben – wir zeigten auf unser Fenster – ein Stern für ihn leuchte. Er lächelte. Aus der Nähe sah er viel jünger aus als aus der Ferne.

Zwei Tage später leuchtete ein zweiter Stern, kleiner als unserer, aber deutlich sichtbar. Sein Licht schien durch das Terrassenfenster genau in unsere Richtung. Zwei helle Sterne strahlten sich an.

Im März, als der Frühling sich ankündigte, stellten wir ihm einen Topf mit einer Tulpenzwiebel an den Zaun. Am Nachmittag war der Topf verschwunden.

Zwei Wochen später stand er auf dem kleinen Terrassentisch. Aus der Zwiebel war eine wunderschöne Tulpe gewachsen, die gerade dabei war, sich zu öffnen.

Seitdem winken wir uns zu, wenn wir das Haus verlassen und er gerade eine Zigarette auf der Terrasse raucht. Manchmal sieht es aus, als würde er darauf warten, dass unsere Tür sich öffnet.

19. Besondere Menschen

Manchmal habe ich das Gefühl, dass ich mich selbst nicht richtig kenne. Dann frage ich unsicher: Wer bin ich hinter meiner kunstvollen Fassade? Was wünsche ich mir? Worüber freue ich mich? Was will ich und was will ich nicht?

Ich sehe mich in unterschiedlichen Situationen: Bei meinem Chef versuche ich stets, möglichst keine Schwäche zu zeigen. Bei meiner Mutter rutsche ich immer wieder in die Rolle des braven, fleißigen Kindes. Auf dem Kongress gebe ich mir alle Mühe, wichtig und erfolgreich zu erscheinen. Im Gespräch mit dem alten Pfarrer staune ich selbst, was für einen rücksichtsvollen und bescheidenen Eindruck ich erwecke. Im Fitnesscenter gebe ich alles, um jung und dynamisch zu wirken.

Manchmal bin ich einfühlsam und liebevoll, dann wieder kühl und abweisend. Ich bin locker und eng, großzügig und kleinlich.

Ich will endlich aufhören, angepasst zu sein und stets eine vorgesehene Rolle zu spielen. Ich will nicht länger befürchten, zurückgewiesen zu werden, weil ich die Erwartungen der anderen nicht erfülle. Ich will »ich« sein dürfen.

Zum Glück gibt es einige Menschen, bei denen ich mich niemals verstellen muss. Bei ihnen darf ich sein, wie ich bin – oder es überhaupt erst herausfinden. Ich darf zu meinen Schwächen stehen, über meine geheimsten Träume sprechen oder Seiten von mir zeigen, die ich sonst gern verstecke oder bisher selbst nicht kannte.

Ich bin dankbar, dass es diese Menschen gibt. Sie weisen mich niemals zurück. Sie verzeihen mir mein Versteckspiel und freuen sich darauf, mich immer besser kennenzulernen.

20. Immer wieder

Wenn du kommst,
dann geht die Sonne auf
und mir wird gleich warm ums Herz.

Wenn du gehst,
dann spüre ich noch lange,
dass du hier gewesen bist.

Deine Freude ist geblieben,
deine Liebe tut mir gut.
Lange hallt dein Lachen nach.

Alles Leben ist ein Kommen.
Alles Leben ist ein Gehen.
Immer wieder wärmt die Sonne,
immer wieder – immer neu.

21. Machst du mit?

Ich wollte immer schon einmal ein paar »verrückte« Sachen machen. Machst du mit?

Ich wollte immer schon einmal eine Nacht im Freien schlafen, irgendwo am Strand oder im Wald, in den Bergen oder im Garten. Es muss ja nicht gerade bei strömendem Regen sein.

Ich wollte immer schon einmal einen Baum fällen, ganz zünftig mit Axt und Säge. Ein Bekannter besitzt einen kleinen Wald, der regelmäßig durchforstet werden muss. Er zeigt, wie es geht, und ist zum Glück – Sicherheit geht vor – immer in der Nähe.

Ich wollte immer schon einmal in einem Paternoster fahren, so einem offenen Aufzug, der ständig in Bewegung ist. Es gibt noch in vielen Städten die Möglichkeit. Ich verspreche feierlich, dass ich im obersten Stockwerk nicht aussteige.

Ich wollte immer schon einmal eine richtige Höhlentour machen. In einer kleinen Gruppe von begeisterten Höhlenmenschen mit einem professionellen Guide wird es sicher das perfekte Abenteuer. Ach ja – die passende Kleidung gehört natürlich dazu!

Ich wollte immer schon einmal ein Motorrad auseinandernehmen und wieder zusammenbauen. Hauptsache, es ist nicht meine eigene Maschine!

Ich wollte immer schon einmal auf den höchsten Kirchturm bei uns in der Stadt steigen und die Welt von oben betrachten. Vielleicht denke ich daran, die Stufen zu zählen.

Ich wollte immer schon einmal ein paar Tage im Kloster verbringen. Es gibt eine Vielzahl von Angeboten. Ich weiß noch nicht, ob es unbedingt ein Schweigekloster sein muss.

Ich wollte immer schon einmal eine Kuh melken. Verschiedene Bio-Höfe sind bereit, mich bei meinen Versuchen zu begleiten. Ob ich mich traue? Es wird nicht so leicht, wie es aussieht. Schließlich ist aller Anfang schwer!

Ich wollte immer schon einmal in dunkler Nacht über einen Friedhof gehen. Das möchte ich jedoch bestimmt nicht allein tun, obwohl ich weiß, dass es kaum einen friedlicheren Ort gibt.

Ich wollte immer schon einmal ein Schaukelpferd herstellen. Davon habe ich schon als Kind geträumt. Ich kenne einen Tischler, der dabei helfen würde.

Ich wollte immer schon einmal eine Woche lang vegan leben, konsequent und ohne Ausnahme. Das passende Kochbuch liegt schon bereit.

Ich wollte immer schon einmal selbst töpfern. Manuela bietet den passenden Kurs an. Zum Glück hat sie viel Geduld. Vielleicht traue ich mich sogar an die Drehscheibe.

Ich wollte immer schon einmal in die Kanalisation

hinabsteigen. In vielen Städten gibt es spezielle Führungen. Ich freue mich schon auf die Kanaltour.

Ich wollte immer schon einmal eine Nacht im Museum verbringen, seit ich den Film »Nachts im Museum« gesehen habe. Etliche Museen bieten diesen besonderen Nervenkitzel an. Da begegnen sich Geschichte, Kultur und eine Dosis Grusel.

Ich wollte immer schon einmal bei einer Weinlese helfen. Viele Winzer freuen sich über tatkräftige Hilfe in der Erntezeit. Und hinterher gibt es eine zünftige Brotzeit und eine Probe vom vorigen Jahrgang.

Ich wollte immer schon einmal ein paar »verrückte« Sachen machen. Mit dir würde ich mich trauen, und es würde sicher viel mehr Spaß machen als allein.

22. In der Nebenstraße

Seit einer Woche war Sebastian jetzt in der fremden Stadt. Für ein ganzes Jahr sollte er hier leben. Er war verantwortlich für die neue Filiale hier im Ort. Er sollte sie einrichten, das Personal einstellen und einarbeiten.

»Es wird nicht leicht, hier private Kontakte zu knüpfen. Die Menschen in der Gegend sind sehr verschlossen. Ich habe viele Jahre gebraucht«, hatte ihm seine neue Nachbarin im Vorbeigehen zugeflüstert, als er seine Firmenwohnung bezog. »Aber das kulturelle Angebot entschädigt Sie vielleicht.«

Nun war Sebastian eigentlich ein äußerst kontaktfreudiger Mensch. Aber viel Zeit für Privates würde er in diesem Jahr kaum haben. Ob die Menschen hier in der Stadt wirklich verschlossener waren als anderswo?

Eines Nachmittags hatte er zum ersten Mal ausgiebig Zeit, seinen neuen Wohnort zu erkunden und einige Einkäufe zu erledigen. Im Stadtzentrum kamen ihm die meisten Namen über den Läden vertraut vor. Es waren dieselben wie in all den anderen Städten. »Alles wie gehabt! Lauter Ketten!«, dachte er und war ein wenig enttäuscht.

Doch in den Nebenstraßen entdeckte er bald etliche kleine, originelle Geschäfte. Sebastian liebte solche

Läden, in denen man in Ruhe stöbern und manchmal kleine Schätze finden konnte.

Er ging weiter. Die Straßen wurden enger. Die Läden wurden alternativer. Dann stand er vor einer Kaffeerösterei. Er fühlte sich magisch von ihr angezogen, deshalb zögerte er nicht lange und war schon drin. Es roch wunderbar nach frisch geröstetem Kaffee. Sebastian kam sich vor wie in einer anderen Welt. Die großen Jutesäcke gaben dem Raum eine exotische Note. Neben verschiedenen Kaffeesorten gab es Schokolade, und in den Regalen standen total abgefahrene Kaffeemaschinen.

Im hinteren Teil des Raumes tranken Gäste an einigen großen Tischen Kaffee und diskutierten eifrig. Es sah aus wie ein überdimensioniertes Wohnzimmer, in dem sich die Nachbarschaft traf.

Nur wenige Augenblicke später saß Sebastian mit an einem der Tische. Er hatte zum Glück einen freien Platz erspäht. Es dauerte nicht lange, da wurde er bereits ins Gespräch einbezogen. Knut, wie sich der ältere Herr mit dem tätowierten Unterarm nannte, stellte kurz Aliki vor, die griechische Studentin, dann Jan, den Maler, und Eiche, der einen Motorradladen hatte und eigentlich anders hieß. Zuletzt blickte er zu Kathie, die in der Kaffeerösterei arbeitete, aber heute freihatte. »Ist halt cool hier!«, sagte sie und nickte allen am Tisch zu.

Sebastian erzählte von seinem Umzug vor einer Woche und von der Einschätzung seiner Nachbarin. Seine neuen Freunde lachten. »Du musst eben nur in der richtigen Ecke suchen. Wenn du Lust auf tolle Leute hast«, sagte Knut und grinste, »dann musst du einfach öfter mal hierherkommen.«

23. Ich wünsche diesem Haus

Ich wünsche eurem Haus ein Licht,
das auch noch in der Nacht brennt,
wenn alle anderen Lichter
längst erloschen sind.
Ich möchte in eurem Ofen
ein Feuer unterhalten,
das auch in tiefster Kälte
viele Menschen und Herzen wärmt.

Ich möchte euch Blumen
und Farben schenken,
die alle Vorübergehenden
und alle Gäste erfreuen.
Ich wünsche euch eine Liebe,
die so groß ist,
dass sie euer Haus sprengt
und nach draußen dringt.

Ich wünsche euch einen Glauben,
der euch stets begleitet,
der euch bewegt und herausfordert
und den Hoffnungslosen Mut macht.
Ich wünsche euch auch
im größten Lärm und Durcheinander
tiefen Frieden
und innere Ruhe.

Ich kann es auch anders sagen:
Ich wünsche diesem Haus Gottes Segen.

24. Was macht die alte Tante?

Svea führte ein aufregendes und oft sehr anstrengendes Leben. Sie hatte zwei fröhliche, sehr lebendige Kinder, einen charmanten und angesehenen Ehemann, einen interessanten Beruf und ein tolles Haus. Ihr Leben war ein spannendes Abenteuer und ein großes Glück, so erzählte sie gern.

Ab und zu telefonierte sie mit ihrer Tante Beate. Svea hatte ihrer Mutter damals versprochen, sich regelmäßig um Mutters einzige Schwester zu kümmern. Beate lebte seit Jahren allein in ihrer kleinen Wohnung, eine Autostunde von Svea entfernt. Sie war nicht mehr allzu gut zu Fuß und verkörperte für Svea die »alte Zeit«.

Wenn sie telefonierten, erzählte Svea von ihrem aufregenden Leben. So konnte Beate auch ein wenig daran teilhaben. Im Alter tut es schließlich gut, auch einmal aus der Einsamkeit herauszukommen und ein wenig von dem wirklichen Leben zu schnuppern. Manchmal besuchte Svea ihre Tante und nahm die Kinder mit. Das war stets eine große Freude für die alte Dame. Aber sicher strengte es sie sehr an.

Wieder einmal nahm sich Svea Zeit und rief bei Beate an. Sie erzählte von der bevorstehenden Einschulung

der Jüngsten, von der neuen Traumküche ganz in glänzendem Weiß und von der Beförderung ihres Mannes. Ganz nebenbei fragte sie, wie es Beate ging. »Danke, ich bin zufrieden.«

Svea machte eine Pause, als müsste sie über die Antwort erst einmal nachdenken. »Du bist zufrieden mit deinem Leben? Das freut mich für dich. Aber bist du nicht traurig, dass du nichts mehr erlebst?« Sie legte wieder eine Pause ein. »Versteh mich bitte nicht falsch, ich meine nur – in deinem Alter! Du denkst bestimmt oft an früher zurück, als du noch jung warst, nehme ich an.«

An dieser Stelle endete das Telefongespräch. Die Kinder stritten sich so laut, dass Svea einschreiten musste. »Beate, du musst uns endlich einmal besuchen. Wir finden bestimmt eine Lücke im Terminkalender. Bis bald!«

Beate musste erst einmal tief Luft holen. »Was weiß meine Nichte eigentlich über mein Leben? Sie denkt wohl, ich langweile mich den ganzen Tag.« Sie schüttelte belustigt den Kopf. »Ich sollte ihr einmal in Ruhe von mir erzählen!«

Sie setzte sich gleich an den großen Tisch, strich über den Bogen Papier und überlegte. Dann begann sie zu schreiben:

Liebe Svea,

jetzt berichte ich dir einmal, was mich bewegt und beschäftigt, damit du dir keine Sorgen mehr um mich machen musst. Ich liebe mein Leben, so wie es jetzt ist.

Zuerst einmal genieße ich es, dass ich mir meine Zeit frei einteilen kann. Früher war das nicht möglich. Manchmal stehe ich um sechs Uhr auf und hole mir ein frisches Croissant beim Bäcker in der Altstadt. So ein Luxus! An anderen Tagen schlafe ich bis um acht, wenn ich abends zu lange gelesen habe und es spät geworden ist.

Ich bin jeden Tag zu Fuß unterwegs. Das tut mir gut. Ab und zu lege ich eine Pause ein. Dann setze ich mich auf eine Bank, blinzle in die Sonne oder freue mich über das fröhliche oder emsige Treiben im Park oder auf dem Marktplatz.

Mehrmals in der Woche treffe ich mich mit meinen Freundinnen. Wir kochen zusammen, diskutieren über die großen und kleinen Fragen des Lebens und gucken uns Filme an. Außerdem feiern wir gern. »Je schräger, umso besser!« ist das Motto. Wir legen Musik auf und bringen unsere alten Knochen in Schwung. Manchmal verkleiden wir uns und sind sehr albern.

Einmal in der Woche bin ich im Kindergarten und lese Geschichten und Märchen vor. Das bringt den Kindern viel Spaß und mir auch.

Seit einiger Zeit frische ich mein Englisch wieder auf, in der Volkshochschule. Vielleicht kann ich mich dann mit deinen Kindern auf Englisch unterhalten, wenn sie in der Schule so weit sind.

Du siehst, ich habe ein ausgefülltes Leben. Aber ich lasse mir Zeit. Ich muss nicht mehr alles auf einmal machen. Wenn ich Besuch hatte, lege ich mich hinterher oft aufs Sofa und mache gar nichts.

Gern würde ich euch besuchen. Wenn wir wieder telefonieren, habe ich meinen Terminkalender dabei.
Liebe Grüße an euch alle
deine alte Tante Beate

25. Dunkle Gestalten

Nora von Schreckenstein machte ihrem Namen alle Ehre. Mit finsterem Blick erhob sie ihr Glas. Es war gefüllt mit einer dunkelroten Flüssigkeit. »Blut für alle!«, rief sie in die dunkle, verschworene Runde. Ihr schwarzes Gewand wehte kurz auf, obwohl nur ein winziges Fenster geöffnet war.

Während sphärische Orgelklänge wie von fern durch den dunklen Raum hallten, trat Tom von Transsilvanien an ihre Seite. Sein Glas war ebenfalls dunkelrot gefüllt. Er rief laut: »Wir haben es geschafft! Mit euch gemeinsam ist alles möglich!«

Lisa von Gruselhausen begann, zu den Orgelklängen das schaurige Lied vom erfrorenen Herzen zu singen. Die vielen Kerzen in der Mitte der Runde flackerten unheimlich im leichten Luftzug.

Schließlich standen alle anwesenden dunklen Gestalten erwartungsvoll im Kreis. »Erhebt jetzt die Gläser! Auf unser Wohl! Das Schloss wird in Zukunft ohne unsere übernatürlichen Kräfte auskommen müssen. Bis es zu Staub und Asche zerfällt, ho, ho, ho!«

Der Klang der Gläser mischte sich mit dem Klang der Orgel zu einer grausamen Symphonie.

Augenblicke später erhob Tom die Stimme: »So, gleich gibt es Mittagessen. Danach reisen wir ab. Macht bitte jemand die Musikanlage aus und das Licht an? Und tragt euch im Kalender unseren nächsten Termin ein. Im Januar sind wir ein langes Wochenende im Schnee. Ich hoffe, es gibt dann ordentliche Schneeverwehungen. Wir werden nachts mit Fackeln unterwegs sein, und vielleicht treibe ich noch irgendwo ein paar Schlittenhunde auf.«

Nora fügte noch schnell hinzu: »Danke für die Vorbereitungen an Lisa. Das nächste Abenteuer kann kommen!« Alle stimmten in ihren Schlachtruf ein: »Ho, ho, ho!«

26. Deine Freundschaft

Zeig dein schönstes Lachen
und schicke es mir zu.
Ich stell's in meine Wohnung
und singe du-bi-du.

Schenk mir ein paar Worte,
so voller Lebensmut.
Ich kleb sie an den Kühlschrank,
schon geht's mir wieder gut.

Komm am besten selber,
der Kühlschrank schmilzt dahin.
Dann darfst du dreimal raten,
warum ich glücklich bin.

27. Jeans oder Sandalen

Der Engel an meiner Seite trägt selten ein weißes, leuchtendes Kleid – oder ich bin blind für den besonderen Glanz.

Der Engel an meiner Seite trägt vielleicht Jeans und Sneaker oder Sandalen. Er fährt Fahrrad oder Roller und blinzelt fröhlich in die Sonne. Er steht hinter der Theke oder am Empfang im Büro und lächelt mir aufmunternd zu.

Der Engel an meiner Seite erinnert mich an den Traum, einen Sturm zu bestehen oder tief im Herzen berührt zu werden.

Der Engel an meiner Seite versucht, mich vor Gefahr zu schützen. Heute weiß ich, was die größte Gefahr ist: dass ich meine Sehnsucht verliere. Deshalb hat er immer ein paar kleine, bunte Bilder dabei. Die kramt er aus seiner Hosentasche hervor und zeigt sie mir. Sofort glänzen meine Augen, und die Sehnsucht nach einem bunten, freien Leben ist wieder geweckt.

28. Die Geburtstagsfeier

Caren hatte sich schon lange auf ihren Geburtstag gefreut. 50 Jahre, das war für sie ein Grund, mal richtig groß zu feiern. Ein Blumenfest sollte es werden, denn sie liebte Blumen. Sie stellte sich vor, zwischen vielen roten, blauen und gelben Blumen mit ihren Gästen einen unvergesslichen Tag zu erleben. Die ganze Wohnung sollte ein einziges buntes Blumenmeer sein – das war ihr großer Wunsch.

Einen Tag vor dem 50. Geburtstag, der auf einen Sonntag fiel, waren die meisten Vorbereitungen abgeschlossen. In zwei Lieferwagen wurden die Blumen gebracht, einige Freunde halfen beim Dekorieren.

Caren fuhr zwischendurch ins Seniorenheim, das sie seit mehreren Jahren leitete. Beim Mittagessen verkündete sie in großer Runde: »Morgen feiere ich meinen 50. Geburtstag. Damit Sie mitfeiern können, hat sich unsere Köchin für Sie ein besonderes Geburtstagsmenü einfallen lassen. Ich werde morgen nicht hier sein, aber lassen Sie es sich schmecken!«

Am Nachmittag, als Caren gerade dabei war, einige Kartons aus dem Keller in ihre Wohnung zu schleppen, rutschte sie plötzlich auf der Treppe aus. Augen-

blicke später lag sie unten und spürte einen stechenden Schmerz.

Am Abend war klar, dass sie mehrere Tage im Krankenhaus bleiben muss. Eine Freundin bekam den Auftrag, die Gäste zu informieren. Und Caren blickte traurig und doch zuversichtlich in die Zukunft: »Dann holen wir die Feier eben später nach.«

Am Sonntag warteten die Bewohnerinnen und Bewohner des Seniorenheims vor der Tür zum Speisesaal. Gleich würde sie geöffnet werden für das festliche Menü. Als sie eintraten, trauten sie ihren Augen nicht. Was für eine Überraschung! Der ganze Speisesaal war ein einziges buntes Blumenmeer!

29. Auf Augenhöhe

Es gibt Menschen,
bei denen kann ich alles um mich vergessen,
die vielen schrillen und lauten Töne,
die grellen Lichter.
Wenn wir uns treffen,
nur du und ich,
brauchen wir uns nicht
hinter irgendwelchen Floskeln
oder hinter Äußerlichkeiten zu verstecken.
Wir sitzen zusammen
und müssen nicht viel sagen.
Wir werden uns gegenseitig wichtig.
Wir begegnen uns so,
wie es uns beiden guttut:
auf Augenhöhe.

30. Kontakte pflegen

ag mal, Julia«, fragte die Nachbarin, als sie sich zufällig beim Einkaufen trafen, »du erzählst so oft von deinen vielen Kontakten und Freundschaften, wie machst du das eigentlich? Ist das deine besondere Ausstrahlung, oder gibt es noch ein Geheimnis?«

Julia lachte. »Das mit der Ausstrahlung ist nett von dir. Wer weiß? Aber der Hauptgrund ist: Ich sorge mit großer Freude dafür, dass sich meine neuen und alten Kontakte immer weiter vertiefen.«

In diesem Augenblick war die Neugier der Nachbarin geweckt. »Das finde ich interessant. Magst du mir davon erzählen? Ehrlich gesagt, ich könnte ein paar Tipps gut gebrauchen.«

Julia setzte ihre volle Einkaufstasche vorsichtig auf den Boden. »Das tue ich gern. Ich habe immer eine aktuelle Liste aller Kontakte, die mir wichtig sind. Da hat sich vieles angesammelt. Bei jeder Person stehen einige Informationen dabei: Geburtstag, Namen der Kinder, Hochzeitstag, persönliche Vorlieben und manches andere. Alle paar Wochen gehe ich diese Liste durch.« Sie machte eine Pause, als würde sie in Gedanken einige Namen und Gesichter vor sich sehen.

»Vor ein paar Tagen war es wieder einmal so weit. Ich habe sofort drei Geburtstage auf meine To-do-Liste gesetzt. Ich freue mich schon darauf, die passenden Geschenke auszusuchen. Einer Schulfreundin habe ich den Termin für unser Klassentreffen geschickt. Für den kleinen Max suche ich noch etwas zum Basteln zu seiner Einschulung. Unser Sohn hilft mir bestimmt beim Auswählen, er geht jetzt schon in die vierte Klasse. Sven und Marie habe ich gestern eingeladen, uns endlich mal wieder zu besuchen. Wir haben uns so lange nicht gesehen. Ich bin schon ganz aufgeregt.«

Die Nachbarin staunte. »So einfach ist das? Ich habe mich immer gewundert, dass ich so wenig Kontakte habe. Ich werde deine Methode mal ausprobieren.«

Julia hob die Einkaufstasche wieder hoch. »Dann viel Erfolg! Ich mache das schon seit vielen Jahren. Das ist ein richtiges Hobby von mir geworden. Und über deine Frage wegen der Ausstrahlung muss ich noch mal in Ruhe nachdenken. Vielleicht bin ich einfach nur begeistert, wenn ich an die vielen tollen Menschen auf meiner Liste denke.«

31. Ich wünsche dir

Ich wünsche dir
einen Clown an deiner Seite,
der dich zum Lachen bringt,
wenn du wieder einmal
viel zu ernst bist.

Ich wünsche dir
eine Tänzerin an deiner Seite,
die dich in Bewegung bringt,
wenn du völlig unbeweglich
am Schreibtisch sitzt.

Ich wünsche dir
einen Träumer an deiner Seite,
der dir liebevoll zeigt,
welch kostbare Bilder
tief in dir verborgen sind.

Ich wünsche dir
eine Poetin an deiner Seite,
die dein Herz berührt,
wenn dir die Worte fehlen.

Ich wünsche dir
einen Sänger an deiner Seite,
der gemeinsam mit dir
das immer wieder neue
Lied des Lebens singt.

Ich wünsche dir
einen Engel an deiner Seite,
der dich einlädt,
deine Flügel zu entdecken.

32. Am Bauzaun

Felix schlenderte wieder einmal ziellos durch die Stadt. Die zwei Rosinenschnecken aus dem Backshop lagen ihm noch im Magen. Er sah Schaufenster an, ohne sich für die Auslagen zu interessieren. Mehrere Läden waren leer. »Zu vermieten« stand dort in greller Schrift. Alles geht den Bach runter, dachte er, ohne dabei Trauer zu empfinden. Es war eher Desinteresse.

Seit Wochen fühlte sich Felix antriebslos. Es hat doch alles keinen Sinn, dachte er oft. Von seiner Frau lebte er seit einem halben Jahr getrennt. Erst einmal auf Probe, hatten sie gesagt. »Wenn du noch an unsere Ehe glaubst, dann melde dich bei mir. Aber so wie bisher geht es nicht weiter!«

Ihre letzten Worte klangen ihm noch im Ohr. Er wollte an sich arbeiten, hatte er ihr damals versprochen. Allerdings war ihm gerade nicht nach Arbeiten zumute. Seine Firma hatte angekündigt, die Niederlassung hier in der Stadt demnächst zu schließen. Demnächst, heißt das in einem Monat oder in drei Jahren? Aber das wäre ihm sowieso egal. Die Stimmung im Betrieb war schon länger mehr als schlecht.

Felix kam an einem hohen Bauzaun vorbei. »Hier entsteht etwas Neues«, stand auf einem großen Plakat. Er

hielt an und ging ein paar Schritte zurück. Etwas Neues, dachte er, das hört sich gut an. Aber meistens ist das Neue so wie das Alte, nur eben neuer. Er kratzte sich am Kopf und überlegte. Vielleicht gab es eine Lücke im Bauzaun. Nur mal gucken. Etwas neugierig war er schon. Wie könnte etwas Neues aussehen? Er lehnte sich an den Zaun und dachte nach.

Da näherte sich ein alter Mann mit einem langen, weißen Pferdeschwanz. »Hallo, Felix, versuchst du, etwas von der Baustelle zu sehen?«

Felix blickte ihn verdutzt an. Kennen wir uns?, fragte er sich. Er konnte sich nicht erinnern. Wie zu sich selbst sagte er: »Hier soll etwas Neues entstehen.«

Der Alte lächelte, als wüsste er mehr, und nickte. »Ja, etwas Neues. Komm, ich zeig es dir!«

Er zog ein Schlüsselbund aus der Tasche und steuerte auf eine Tür im Bauzaun zu. »Hier geht's hinein.«

Auf der anderen Seite führte ein provisorischer Bretterweg zu mehreren Baucontainern, die miteinander verbunden waren. Am Eingang stand »Bauleitung« und darunter wieder: »Hier entsteht etwas Neues.«

Der Alte signalisierte mit der Hand, dass Felix folgen sollte. »Hier findest du eine kleine Ausstellung mit den Entwürfen«, rief er ihm zu. Felix war nicht sonderlich interessiert an Bauzeichnungen.

Als hätte der Alte seine Gedanken erraten, sagte er geheimnisvoll: »Dich erwartet eine fantastische Fotoausstellung. Das wird dich bestimmt interessieren.«

»Ich heiße übrigens Leopold«, murmelte der Fremde. »Gleich hier um die Ecke beginnt die Ausstellung. Hier ist das erste Bild.«

Felix traute seinen Augen nicht. Der Mann auf dem Bild sah aus wie er selbst. Er rieb sich die Augen und blickte noch einmal genau hin. Da stand er strahlend auf einem Berg und blickte stolz in die Kamera, als hätte er gerade den Mont Everest bestiegen.

»Früher bist du gern in den Bergen gewandert«, bemerkte Leopold. »In letzter Zeit geisterst du nur noch müde durch die Stadt. Sieht gut aus, das Foto, nicht wahr?«

Felix wollte gerade fragen, wie das möglich sei und woher und wieso, als Leopold ihn am Ärmel zog. »Hier, das wird dir gefallen.«

Felix schüttelte den Kopf. »Nein, das kann nicht sein!« Wieder war er auf dem Bild zu sehen. Er stand fröhlich vor einem modernen Firmengebäude. »Das ist die Firma, bei der ich mich schon immer bewerben wollte. Aber ich habe mich nie getraut.«

Leopold schmunzelte. »Ich habe den Eindruck, dass du dich öfter nicht traust, das zu tun, was du gern tun würdest. Du glaubst nicht an dich, stimmt's?«

Felix nickte stumm.

»Hier in der Ausstellung siehst du, was alles in dir steckt und was möglich ist, wenn du es versuchst. Komm mal hier herüber, da geht es weiter.«

Felix staunte noch mehr als bei den ersten Fotos. Er stand völlig selbstbewusst mitten in einem Kreis von Menschen, die ihm gespannt zuhörten. Dabei strahlte er Leichtigkeit und eine große Lebensfreude aus.

Leopold ließ ihm Zeit, das Bild intensiv zu betrachten. Dann fragte er lächelnd: »Na, gefällst du dir? Du wolltest doch sehen, wie etwas Neues entsteht.«

Felix schüttelte den Kopf, als würde er das alles nicht glauben können. »Natürlich gefalle ich mir. Aber im Augenblick sieht mein Leben eher trostlos aus.«

Leopold blickte jetzt sehr ernst in seine Richtung. »Es liegt an dir, ob du in ein paar Jahren traurig auf ein leeres Leben zurückblickst oder dich freust über das, was du versucht und vielleicht auch erreicht hast.«

Er zeigte noch auf ein anderes Bild. Darauf waren zwei lachende Menschen zu sehen, die so glücklich wirkten, als würden sie gerade das Abenteuer ihres Lebens erleben. Eins war seine Frau, das andere war er selbst.

Felix drehte sich zu Leopold. »Was meinst du? Soll ich es einfach versuchen?« Aber der alte Mann war plötzlich nicht mehr zu sehen, so als hätte die Baustelle ihn verschluckt.

Wieder rieb sich Felix verdutzt die Augen. Als er sie öffnete, sah er, dass er am Bauzaun lehnte. Vor ihm klebte ein Plakat. Er trat ein paar Schritte zurück, um es erkennen zu können. Da stand in großen Buchstaben: »Hier entsteht etwas Neues.«

33. Sicherheit und Abenteuer

Jeder Mensch braucht einen sicheren Hafen. Wenn schwere Stürme aufziehen, findet er dort Geborgenheit und Schutz. Dort ist Zeit, auszuruhen und vieles zu verarbeiten. Neue Abenteuer können in Ruhe vorbereitet werden.

Jeder Mensch braucht das offene Meer. Dort geht er immer wieder Wagnisse ein. Er staunt über sich selbst. Er entdeckt Neues und stellt fest, wie lebendig er ist. Auf dem offenen Meer ist es schön und unheimlich, spannend und herausfordernd.

Freunde sind oft wie der sichere Hafen. Dort muss ich keine Angst haben. Ich fühle mich geborgen. Ich kann über alles reden, was mich beschäftigt. Ich kann ausruhen und feiern. Ich erlebe das Gefühl, willkommen und zu Hause zu sein. Ich kann meine Stärken und Schwächen zeigen.

Freunde sind immer auch wie das offene Meer. Sie fordern mich heraus. Sie suchen mit mir das große Abenteuer und begleiten mich auf manchen Reisen. Bei ihnen kann ich meine verrückten Träume und meine wilde Seite zeigen.

Jeder Mensch braucht den sicheren Hafen und das offene Meer. Bei meinen Freunden finde ich beides.

34. Bei euch

Bei euch ist wirklich wenig Platz.
Bei euch tropft der Wasserhahn.
Bei euch zieht es.
Bei euch ist manches sehr altmodisch.
Bei euch gibt es keinen Luxus.
Bei euch wird die Musik
noch von Hand gemacht.

Bei euch fühle ich mich wohl!

35. Harte Frauen und weiche Männer

Sie trafen sich regelmäßig. Dieses Mal hatte Tom in seine kleine Werkstatt eingeladen. Das Motorrad und das Schrauben und Tüfteln waren sein großes Hobby, und der Raum sah aus wie eine Mischung aus Wohnzimmer, Atelier und Werkraum.

Sie waren alle sehr verschieden – und doch richtig gute Freunde. »Freunde und Freundinnen«, pflegte Nele stets zu sagen, wenn sie sich übergangen fühlte.

Harald lag direkt neben den beiden Maschinen, die Tom gerade in Arbeit hatte. »Die hast du neu, nicht wahr?«, meinte er. Harald war ein Tüftler, der am liebsten gleich immer alles untersuchen und auseinandernehmen würde, sei es ein defekter Staubsauger oder eben ein Motorrad. »Da hast du aber noch eine Menge Arbeit!«, sagte er anerkennend.

Susi lachte. »Harald, dir gefällt alles, was kompliziert aussieht.«

Er nickte. »Klar, ich liebe diese Werkstatt.«

Susi drehte sich langsam im Kreis. »Ich liebe sie auch.« Sie zeigte auf die Filmplakate an den Wänden: »Vom Winde verweht, mein Lieblingsfilm!«, das rote Sofa an der Seite und die abgefahrenen bunten Industrielampen.

Paul und Doreen hatten inzwischen den Tisch gedeckt – eine ehemalige Werkbank aus massivem Eichenholz.

Während des Essens entwickelte sich, wie meistens, eine intensives Gespräch. Es begann mit einer Frage von Paul: »Nele betont immer die Freunde und Freundinnen. Was meint ihr, gibt es typische Männerfreundschaften? Und sind Freundschaften unter Frauen anders?«

Kurz war es still. Dann zeigte Susi auf die beiden neuen Maschinen und rief: »Ich bin ja gern superromantisch. Aber mit Tom und Harald würde ich jede Maschine zerlegen.« Sie schlug mit der Faust auf den Tisch, um zu zeigen, dass sie ordentlich Kraft hatte.

Nele schob ihren Teller zur Seite. »Natürlich hast du Kraft. Aber wir Frauen haben es vor allem hier oben«, dabei tippte sie sich mehrmals an die Stirn.

Harald schüttelte lachend den Kopf. »Ihr müsst uns nichts beweisen. Wir wissen alle, dass ihr es mit den Männern aufnehmen könnt.« Er holte tief Luft. »Ihr habt eben verschiedene Seiten, hart und weich, sanft und«, er blickte kurz zu Nele, »wenn es sein muss, auch heftig. Ich sehe es ja bei mir. Wenn ich für meine Marathonläufe trainiere, kommt es mir vor, als würde ich unterwegs meditieren. Ich bin selber hart und weich.«

Paul ging herum und goss Getränke nach. »Ich verstehe mich meistens mit Frauen besser als mit Männern. Die sind oft viel einfühlsamer, finde ich.«

Doreen hatte die ganze Zeit aufmerksam zugehört. Wenn sie etwas sagte, das wussten alle, war es wohlüberlegt und mit Tiefgang. Als sie sich meldete, wurden alle sofort still. »Das ist doch das Gute, dass wir in unserer Runde unterschiedliche Seiten von uns zeigen können. Und manche Seiten entdecken wir hier ganz neu.«

Alle schienen mit dieser Aussage zufrieden zu sein. Bis Susi hinzufügte: »Es gibt aber einige Sachen, die bespreche ich lieber mit Nele und Doreen. Tut mir leid, Jungs!«

Tom erhob sein Glas. »Auf unsere unterschiedlichen Seiten! Prost!« Er nahm einen großen Männerschluck. Dann blickte er herausfordernd zu Nele. »Mit dir würde ich gern mal mit meiner Lieblingsmaschine eine Runde drehen, wenn du dich traust.«

Nele prostete ihm zu: »Einverstanden! Aber eins ist klar – du sitzt hinten!«

36. Danke!

Das wollte ich dir
schon immer einmal sagen:
Du freust dich mit mir,
wenn mir etwas gut gelungen ist.
Du hörst mir aufmerksam zu,
wenn ich etwas loswerden will.
Du kritisierst mich so,
dass ich mich beschenkt fühle.
Du machst dich auf den Weg zu mir,
wenn ich dich brauche.
Du baust mich auf,
wenn ich an mir zweifle.
Du schweigst mit mir,
wenn Worte nur stören würden.
Du strahlst mich an,
wenn wir uns begegnen.

Das wollte ich dir
schon immer einmal sagen:
Danke!

37. Eins fehlt noch

Lena saß gemütlich auf dem Sofa. Sie kramte in ihrer »Schatzkiste«, die voll war mit Erinnerungen und Briefen. Das tat sie oft, wenn sie ihre alte Heimat besuchen wollte. Nächste Woche war es wieder einmal so weit. Sie hatte ihren Eltern versprochen, die Garage zu streichen. »Wir lassen dir völlig freie Hand. Schlicht oder kunstvoll gestaltet, das liegt an dir.«

Lena vertiefte sich in einige Briefe von Fiona, ihrer besten Freundin schon seit der Schulzeit. Dass Lena weggezogen war, hatte der Freundschaft nicht geschadet. Fiona wohnte ganz in der Nähe ihrer Eltern, das war praktisch. Einen Brief hatte Fiona kurz nach dem Schulabschluss geschrieben. Lena hatte damals gerade ihr Studium in einer anderen Stadt begonnen:

Liebe Lena,
einfach mal vorbeikommen, das geht nicht mehr. Ich finde das blöd. Aber wir können uns ja schreiben. Außerdem kommst du bestimmt regelmäßig zu deinen Eltern. Dann sehen wir uns.
Unsere Schulzeit war echt erträglich durch Tommie und Steffi und vor allem durch dich. Ich freue mich auf die drei Herausforderungen, die vor uns liegen: Sport, Biologie und Kunst. Für Biologie habe ich schon eine Idee.

Lass es dir gut gehen!
Love von Fiona

Lena musste lachen. Die Sache mit den drei Herausforderungen war eine super Idee. Schon einige Monate nach Schulabschluss kam die Biologie an die Reihe. Sie hatten damals gemeinsam einen Baum neben der Schule gepflanzt. Das war eine schräge Erfahrung – einen Baum zu pflanzen, der erst richtig groß sein würde, wenn Fiona und Lena schon alt wären. Die Sache mit dem Baum landete damals sogar in der Lokalzeitung, und inzwischen gehörte es fast zum guten Ton, dass jede Abschlussklasse einen Baum pflanzte. Das war gut für die Erinnerung und half vielleicht auch gegen den Klimawandel.

Die zweite Herausforderung tat dem Klima nicht so gut. Es ging um Sport. Da waren sie beide aus einem Flugzeug gesprungen. Natürlich als Tandemsprung, mit Fallschirm und professioneller Begleitung. Bei dem Gedanken daran spürte Lena immer noch ein Kitzeln in ihrem Bauch.

Die dritte Herausforderung hatten sie bis heute, nach zwölf Jahren, nicht geschafft. Es ging um Kunst. Oft hatten sie gemeinsam überlegt, aber keine Idee gehabt.

Plötzlich lächelte Lena, dann begann sie, breit zu grinsen. Schnell setzte sie sich hin und schrieb einen Brief an die Freundin:

Liebe Fiona,

in der nächsten Woche bin ich wieder ein paar Tage bei meinen Eltern. Dann ist unsere dritte Herausforderung an der Reihe. Wir malen ein Bild, das ungefähr 20 qm groß ist und das man direkt von der Straße aus sehen kann. Als Motiv dachte ich an unsere Pflanzaktion, zwei heiße junge Frauen mit kleinem Baum, und darüber ein Flugzeug. Farbe und Werkzeug besorge ich.

Love Lena

Lena blieb noch eine Zeit lächelnd auf dem Sofa sitzen. Sie stellte sich vor, was ihre Eltern wohl zur großen Kunstaktion an der Garagenwand sagen würden.

38. Gemeinsam schweigen

Eine Kerze entzünden.
Das Licht ist warm und lebendig.
Wir sehen unsere Gesichter –
alles, was weiter weg ist,
liegt im Dunkel.

Unsere Blicke folgen
dem leichten Flackern der Flamme.
Wir sitzen da,
konzentriert auf diesen Mittelpunkt
und zugleich völlig entspannt.

Wir schweigen.
Wir schweigen zusammen.
Wir schweigen aktiv.

Als keiner mehr die Stille
als etwas Bedrohliches empfindet,
als keiner mehr reden muss,
da fangen wir an zu reden.

Wir haben geschwiegen
und können plötzlich hören,
zuhören.
Die Worte sind so warm
und lebendig
und hell.

Wir schweigen zusammen.
Wir reden und hören.
Das Licht breitet sich aus
und die Kerze leuchtet dazu.

39. Wie viel kostet die Zeit?

Ich weiß nicht mehr, ob es sich wirklich so zugetragen hat oder ob ich mir die ganze Sache nur eingebildet habe. Aber das ist eigentlich egal.

Mein Erlebnis liegt Jahre zurück. Damals habe ich mich häufig gefragt, wieso die Zeit so schnell verging und dabei oft leer blieb. Ich dachte oft: Wie gern würde ich die Zeit, die mir hier auf der Erde geschenkt ist, sinnvoller nutzen. Nein, ich meinte nicht, noch mehr zu arbeiten, mich weiter zu optimieren, noch mehr von der Welt zu sehen und noch mehr Spuren für die Nachwelt zu hinterlassen. Ich meinte vielmehr, mehr Zeit für mich und meine Lieben zu haben, mehr zu spielen und zu singen und zu tanzen. Ich meinte, mehr zu lachen und fröhlich zu sein und meine besonderen Gaben mit anderen zu teilen.

Diese Gedanken gingen mir damals gerade durch den Kopf, als ich Lukas traf. Ich habe keine Ahnung, ob er wirklich so hieß. Lukas sah mich mit einem spitzbübischen Lächeln an, dann sagte er geheimnisvoll: »Ich schlage vor, du gehst mal in den Zeitraum. Da gibt es unendlich viel Zeit, vielleicht sogar im Sonderangebot.«

So kam es, dass ich das sonderbare weiße Gebäude besuchte, über dem deutlich sichtbar »Zeitraum«

stand. Im Inneren erwartete mich ein weißer Schalter, hinter dem eine freundliche, ältere Frau stand. Ich war der einzige Kunde.

»Guten Tag! Ich habe gehört, Sie verkaufen Zeit?«

Sie nickte. »Ja richtig, dafür sind wir da. Wie viel brauchen Sie denn?«

Ich schluckte. Nach welchen Maßeinheiten wird hier wohl die Zeit gemessen? Ich blickte zur Seite. Dort standen dekorativ ein paar alte Gewichte, wie sie früher vom Gemüsehändler benutzt wurden.

»Also, ich denke, ich nehme erst einmal zehn Pfund.«

Sie schüttelte lächelnd den Kopf. »Das tut mir leid, wir verkaufen die Zeit nicht nach Gewicht. Gewicht müssen Sie der Zeit selber geben.«

Ich versuchte es noch einmal. »Dann möchte ich eben zehn Stunden Zeit kaufen.«

Sie strahlte mich an. »Die können Sie gern haben. Verraten Sie mir bitte, wofür Sie diese Zeit verwenden wollen?«

Ich überlegte. Zum Glück hatte ich mich ja bereits intensiv mit dieser Frage beschäftigt. »Ich werde die Zeit nutzen zum Lieben und zum Freuen.«

Sie nickte zustimmend. »Herzlichen Glückwunsch! Das ist eine gute Entscheidung!«

Kurz überlegte ich, ob ich gleich meine goldene Kreditkarte zum Einsatz bringen könnte. Dann fragte ich: »Wie viel kostet das?«

Sie blickte mich ein wenig streng an. »Wir nehmen kein Geld. Wir geben die Zeit nur im Tausch her. Geben Sie uns einfach zehn Stunden, in denen Sie nicht lieben und sich nicht freuen würden.«

Ich blickte sie erstaunt an. »Dann verstehe ich gar nicht, dass nicht mehr Menschen kommen, um Zeit zu tauschen.«

Sie sah mich ratlos an. »Ja, das verstehe ich auch nicht!«

40. Dreißigmal Freundschaft

1 Ich darf meine Freundschaft genießen, ohne
ständig nachzudenken, was ich dafür tun muss.

2 Das, was ich an meinen Freunden am meisten
schätze, ist ihre Freundschaft.

3 Erst wenn ich lerne, mit mir selbst glücklich zu
sein, werde ich auch mit anderen glücklich sein
können.

4 Manche Menschen haben ein äußerst feines
Gespür dafür, wann sie gebraucht werden.

5 Manchmal ist es Zeit, eine Freundschaft zu
beenden, weil sie sich überlebt hat. Und trotzdem
kann ich dankbar auf eine gute, gemeinsame Zeit
zurückblicken.

6 Es ist immer schön, sich zu freuen. Aber noch
schöner ist es, sich gemeinsam zu freuen.

7 Was für ein Glück, dass ich Menschen kenne, bei
denen ich wirklich so sein kann, wie ich bin!

8 Eine Freundschaft ist auch dann möglich, wenn
wir weit auseinander wohnen.

9 Freundschaft lebt nicht nur von Gemeinsamkeiten, sondern auch von Unterschieden.

10 Eine wirkliche Freundschaft ist daran zu erkennen, dass sie beiden niemals zur Last wird.

11 In einer Freundschaft muss niemand nachrechnen, was er für den anderen getan hat.

12 Wenn zwei Freunde sich treffen, ist das immer wie ein kleines Fest.

13 Jeder Mensch, der Freunde hat, kann die Welt aus verschiedenen Blickwinkeln betrachten.

14 Eine Freundschaft, die sich nicht verändert, ist irgendwann Vergangenheit.

15 In einer Freundschaft gibt es keine Verlierer. Dafür gibt es immer zwei Gewinner.

16 Freundschaft erlebe ich dort, wo ich zu jeder Zeit willkommen bin.

17 In einer schweren Krise kann eine Freundschaft zerbrechen oder wachsen.

18 Wenn ich in Schwierigkeiten bin, brauche ich Freunde, die mir beistehen, aber nicht meine Probleme lösen.

19 Gute Freunde schenken, ohne sich daran zu erinnern, und lassen sich beschenken, ohne zu vergessen.

20 Manchmal können mir meine Freunde helfen, wieder an mich selbst zu glauben.

21 Freunde können sicher sein, dass ihre Geheimnisse bei dem anderen gut aufgehoben sind.

22 Wie gut eine Freundschaft ist, erkenne ich oft erst in schweren Zeiten.

23 Heimat finde ich überall da, wo Menschen sind, denen ich vertrauen kann und die mir vertrauen.

24 Bei einem Freund bin ich willkommen, egal, ob ich gute oder schlechte Laune habe.

25 Wenn ich einen Freund besuche, kommt es mir manchmal vor, als würde ich nach einer stürmischen Seefahrt einen sicheren Hafen anlaufen.

26 Manchmal haben sich Freunde viel zu erzählen. Und manchmal können sie gemeinsam schweigen.

27 Freundschaft heißt, die Meinung des anderen anzuhören, auch wenn ich sie nicht teile.

28 Einen Freund erkenne ich auch daran, dass er nicht zu stolz ist, meine Hilfe anzunehmen.

29 Je häufiger ich von anderen Menschen enttäuscht werde, umso mehr weiß ich meine Freunde zu schätzen.

30 Ein Freund gibt mir nur dann einen guten Rat, wenn ich ihn darum bitte.

41. Ein paar Kartoffeln

Es war wenige Jahre nach einem furchtbaren Krieg. Im Land herrschte große Armut. Friedrich freute sich seit Wochen auf seinen siebten Geburtstag. Drei Tage vorher war er wie jeden Mittwoch bei der alten Nachbarin. Käthe war dankbar und glücklich, für ihn sorgen zu können, wenn seine Eltern keine Zeit hatten.

»Käthe, was meinst du? Ob ich wohl die Eisenbahn bekomme, die ich mir wünsche?«

Käthe zuckte mit den Achseln. »Das weiß ich auch nicht. Aber vergiss nicht, dass deine Eltern wenig Geld haben, so wie die meisten in diesen Zeiten.«

Friedrich sah sie traurig an. »Hast du auch so wenig Geld wie meine Eltern?«

Sie lächelte und nickte. »Aber ich bin zufrieden. Es gibt gute Menschen, die mit mir teilen und mir ein paar Kartoffeln oder Eier bringen. Manchmal klopft es dreimal an der Tür, aber niemand ist da, wenn ich öffne. Dann liegt etwas Schönes auf der Veranda. Mir geht es gut.«

»Hast du auch so einen großen Wunsch wie ich? Magst du Eisenbahnen?«

Sie lächelte wieder. »Ich habe alles, was ich brauche. Und wenn ich einmal reich bin«, sie lachte jetzt laut und etwas heiser, »dann leiste ich mir eine neue, war-

me Decke, damit ich im Winter nicht mehr ständig frieren muss.«

Am Geburtstag von Friedrich gab es heiße Schokolade und eine Mütze für den Winter. »Mehr ist in diesem Jahr nicht möglich!«, sagten die Eltern traurig. »Aber die Zeiten werden hoffentlich bald besser.«

Am Abend kam Onkel Robert noch kurz vorbei. Er war der Einzige im Dorf, der ein Auto hatte. Er drückte Friedrich einen Geldschein in die Hand. Der strahlte.

Ein paar Tage später fragte die Mutter: »Na, was meinst du, reicht das Geld für eine Eisenbahn?«

Friedrich schüttelte betreten den Kopf. »Nicht für so eine, wie ich sie mir wünsche.«

Die Mutter strich ihm über den Kopf. »Irgendetwas Schönes wirst du schon finden. Oder du sparst das Geld einfach.«

Er nickte. »Ist nicht so schlimm. Vielleicht im nächsten Jahr.«

Am nächsten Mittwoch war er wieder bei Käthe. Stolz trug er seine neue Mütze. »Stell dir vor, an meinem Geburtstag gab es heiße Schokolade, die schmeckte so lecker!«

»Dann hattest du also einen schönen Geburtstag?«, fragte sie und blickte ihn liebevoll an.

»O ja, es war ein schöner Geburtstag! Mein Onkel war auch da.« Er sah sie an, als würde er noch auf etwas

warten. »Und wie geht es dir, Käthe?« Jetzt strahlte er erwartungsvoll.

Käthe nahm ihn an die Hand und führte ihn feierlich in den kleinen Flur. »Stell dir vor, gestern hat es wieder dreimal geklopft. Ich freute mich schon auf Kartoffeln, die sind nämlich alle. Aber es lag ein Paket vor der Tür. Und darin«, sie zeigte auf etwas Dunkelgrünes, »darin lag eine wunderschöne, warme Decke.«

42. Deine eigene Welt

Liebe Kathie,
jetzt möchte ich dir noch einmal herzlich danken für
den schönen Abend gestern, als ich dein Gast sein durf-
te. Vieles klingt noch in mir nach. Das Außergewöhnli-
che war, dass ich nicht nur Gast in deiner Wohnung
war, an deinem Tisch, in deinem bequemen Großmut-
tersessel. Das alles war natürlich auch wichtig.
Aber vor allem danke ich dir, dass ich Gast sein durfte
in deinen Träumen, in deinen Gedanken und Hoffnun-
gen. Da erst hatte ich den Eindruck, vom Flur auch ins
Wohnzimmer geführt zu werden. Ich durfte mitträu-
men, weil du mich hereingelassen hast in deine Träume.
Ich konnte beginnen, deine Gedanken zu verstehen und
deine Hoffnungen zu teilen. Du hast mich in deine eige-
ne Welt gelassen.

Ich habe darüber nachgedacht, warum mir der Abend
bei dir so gutgetan hat. War es die Tatsache, bei dir will-
kommen und zu Hause zu sein, in deinen vier Wänden?
Oder waren es die persönlichen Gesten und Aufmerk-
samkeiten, der selbst gebackene Apfelkuchen, die Ur-
laubsfotos und abends spät die Decke für meine kalten
Füße?

Ich glaube, es war mehr. Du selbst warst es mit deiner eigenen, ehrlichen Welt, mit deinen Träumen, deinen Gedanken und Hoffnungen.

Ich habe durch diesen Abend viel gewonnen –
eine neue Welt und viel Vertrauen. Danke!
Deine
Anna

43. Harmonie

Die meisten Menschen brauchen regelmäßig Anerkennung und Harmonie, um sich wohlzufühlen. Ich bin einer von ihnen. Ich will mich nicht streiten. Kritik und Auseinandersetzung können mir manchmal sehr zusetzen. Ich mag es nicht gern, wenn mir jemand ständig widerspricht und alles besser weiß.

Harmonie heißt jedoch nicht, dass wir stets einer Meinung sein und die gleichen Vorlieben teilen müssen. Harmonie kann sich auch dann einstellen, wenn zwei Menschen immer wieder einmal unterschiedliche Meinungen haben. Der Philosoph Heraklit sagte vor 2500 Jahren: »Die schönste Harmonie entsteht durch das Zusammenbringen der Gegensätze.«

Ich versuche mich zu erinnern: Wo erlebe ich, dass wir uns trotz aller Gegensätze gegenseitig akzeptieren und wertschätzen? Wo bin ich gern bereit, Kompromisse einzugehen? Mit wem habe ich trotz aller Meinungsunterschiede eine gemeinsame Wellenlänge? Mit wem kann ich mich immer wieder auf gemeinsame Ziele einigen?

Sofort sehe ich einige Gesichter vor mir, die mir lieb und vertraut sind. Ich denke an intensive Beziehungen, die durch Freundschaft und Vertrauen geprägt

sind. Sie alle leben nicht nur von Gemeinsamkeiten, sondern auch von Unterschieden.

Verschiedene Erfahrungen, Erlebnisse und Meinungen sind oft eine wunderbare Bereicherung für eine Freundschaft. Wir erweitern beide unseren Horizont und genießen unsere bunte, lebendige Harmonie. Diese Art von Harmonie liebe ich.

44. Das kommt davon

Seitdem ich dich kenne,
habe ich einen Grund mehr,
mich zu freuen.
Seitdem ich dich kenne,
mag ich das kleine Café an der Ecke.
Seitdem ich dich kenne,
mag ich romanische Kirchen.
Seitdem ich dich kenne,
liebe ich lange Diskussionen.
Seitdem ich dich kenne,
freue ich mich über bunte Luftballons.

Seitdem ich dich kenne,
kann ich öfter lachen als früher.
Seitdem ich dich kenne,
jogge ich wieder regelmäßig.
Seitdem ich dich kenne,
liebe ich romantische Gedichte.
Seitdem ich dich kenne,
habe ich immer ein Bier kalt gestellt.
Seitdem ich dich kenne,
bin ich eifriger Energiesparer.

Seitdem ich dich kenne,
bin ich wieder optimistisch.
Seitdem ich dich kenne,
kann ich besser zuhören.
Seitdem ich dich kenne,
bin ich viel geduldiger geworden.
Seitdem ich dich kenne,
mag ich Lebkuchenherzen.
Seitdem ich dich kenne,
mag ich sogar Pfefferminztee.

Seitdem ich dich kenne,
ist die Welt bunter geworden.

45. Die goldene Laterne

Als Jan noch ein kleiner Junge war, gab es für ihn nichts Größeres und Aufregenderes als einen Besuch bei seinem Großvater. Er liebte die offenen Arme, in die er bei der Ankunft springen konnte, den verwunschenen Garten mit den vielen Statuen und Bäumen und natürlich die bunte Torte, von der er jedes Mal so viel essen durfte, wie er wollte.

Ganz besonders liebte Jan die geheimnisvolle goldene Laterne. Sie war für ihn ein wunderschönes, kostbares Kunstwerk und faszinierte ihn immer wieder, auch wenn sie auf den ersten Blick sehr schlicht aussah. Der Großvater erzählte ihm bei jedem Besuch neue und alte, einleuchtende und völlig unglaubliche Geschichten über ihre Herkunft. Als Höhepunkt entzündete er ein Licht – und die Laterne begann wie durch Zauberhand zu glänzen und zu leuchten. Jans Augen leuchteten fast so hell wie die Laterne, wenn er das gute Stück in die Hand nahm und sich von ihrem Glanz und Licht verzaubern ließ.

Auch als Jan bereits erwachsen war, besuchte er weiterhin regelmäßig seinen geliebten Großvater. Stets fragte er dann nach der goldenen Laterne. Er setzte sich immer noch auf den Hocker neben dem alten

Großvatersessel und lauschte den vielen aufregenden Geschichten, durch die die Laterne noch geheimnisvoller wurde. Die beiden Männer genossen diese intensiven Stunden, in denen das Licht so hell leuchtete.

Auch als der Großvater schon sehr alt war und kaum noch laufen konnte, war er froh, wenn er seinem Enkel von der goldenen Laterne erzählen konnte, sie schließlich zum Leuchten brachte und sich beide in den Armen lagen.

Der Abschied vom Großvater war für Jan zugleich der Abschied von der Kindheit und Jugend, von dem verwunschenen Garten, der bunten Torte, den offenen Armen und dem geheimnisvollen Leuchten der goldenen Laterne. Die Welt war etwas kälter und dunkler geworden.

Eines Tages lag vor seiner Wohnungstür ein Paket, das in glänzendes Goldpapier eingewickelt war. Aufgeregt öffnete er das geheimnisvolle Paket. Darin kam etwas zum Vorschein, das sein Herz augenblicklich schneller schlagen ließ: die goldene Laterne des Großvaters. Dabei lag ein Brief, der von unsicherer Hand geschrieben war.

Mein lieber Jan,
wenn du diesen Brief liest, bin ich längst nicht mehr hier, um dir spannende Geschichten von der goldenen Laterne und dem geheimnisvollen Licht zu erzählen.

Die Laterne musste ich zum Glück nicht mit auf den Weg nehmen, denn an meinem Ziel ist es sicherlich wärmer und heller als hier.

Du weißt natürlich längst, dass das Licht, das wir beide so sehr lieben, nicht von der Laterne kommt, sondern aus unseren Herzen. Die Zeit der offenen Arme, der kostbaren Nähe und der vertrauensvollen Gespräche leuchtet immer noch in uns, stimmt's?

Die goldene Laterne wird dich daran erinnern, dass es immer dann hell wird, wenn wir unsere Herzen füreinander öffnen.

Ich umarme dich!

Dein Großvater

46. Pias Lieblingsausstellung

Vor über zehn Jahren fing alles an. Damals heftete Pia ein paar Fotos an eine Wand ihrer Wohnung. Es waren Bilder von Menschen, die ihr viel bedeuteten. Genau in die Mitte kam ein Foto, auf dem Pia selbst zu sehen war – mit einem wunderbaren, ansteckenden Lächeln.

Nach und nach gesellten sich immer mehr Fotos hinzu. Manchmal wurde eines ausgetauscht, weil er inzwischen einen Bart hatte oder weil sie auf dem neuen Foto so schön lächelte. Selten wurde ein Foto entfernt, und wenn, dann hatte es seine Gründe.

Oft stand Pia vor der Fotowand und dachte: »Schön, dass ich euch alle kennen darf und dass ihr auf die eine oder andere Weise Teil meines Lebens seid!«

Wenn sie traurig war oder schlechte Laune hatte, brachte sie ein kurzer Besuch in ihrer kleinen »Ausstellung« meistens wieder zum Lächeln.

Eines Tages stand sie wieder einmal versonnen vor ihrer Fotowand, als ihr eine Idee kam. Sie erinnerte sich an die Beschreibungen in vielen Museen, mit denen die einzelnen Bilder und Objekte erklärt und vorgestellt werden. Sie entschied sich, einen Text zu schreiben, der ihre kleine Ausstellung »auf den Punkt«

bringt. Heute sind unter den Fotos diese Worte zu lesen:

Mit ihnen teile ich nicht nur diese Wand, sondern unzählige kostbare Augenblicke meines Lebens. Sie schenken mir Liebe und Wärme, Lachen und Übermut, Freundschaft und Zuversicht.
Mit ihnen teile ich die Welt der Musik und der Träume, der Abenteuer und der bunten Farben. Mit ihnen kann ich glauben und arbeiten, nachdenken und feiern.
Ein Hinweis: Die Ausstellungsstücke gehören mir nicht. Es sind nur Leihgaben. Und trotzdem sind sie meine größten Schätze …

47. Wenn etwas fehlt

So wie ein Garten ohne Blumen,
ein Himmel ohne Sterne,
ein Baum ohne Blätter,
ein Wald ohne Bäume,
ein Haus ohne Fenster,
ein dunkler Keller ohne Licht,
ein Bild ohne Farbe,
ein Brunnen ohne Wasser,
ein Kindergarten ohne Lachen,
eine Stadt ohne Menschen,
ein Land ohne Liebe –
so wäre eine Welt ohne dich.

48. Zwei Engel auf Reisen

Ein großer und ein kleiner Engel waren unterwegs auf der Erde, um dort liebevolle, gute Menschen zu suchen.

»Wie finden wir solche Menschen?«, fragte der kleine Engel aufgeregt.

Der große Engel blieb stehen und blickte zum Himmel. »Das wirst du sofort spüren, wenn du ihnen begegnest.«

Nach einiger Zeit kamen sie in ein großes Dorf. »Dort versuchen wir zu übernachten«, sagte der große Engel. »Vielleicht finden wir gastfreundliche Menschen, die ihr Herz und ihr Haus für uns öffnen.«

Auf dem Dorfplatz standen viele Menschen. Es schien ein beliebter Treffpunkt zu sein. Der große Engel fragte in die Runde: »Wir würden gern bei euch übernachten. Wo ist Platz für zwei müde Wanderer?«

Alle zeigten sofort auf ein großes, prächtiges Haus am Dorfrand. »Seht ihr dort, das große Haus neben der kleinen, armseligen Hütte? Es ist das schönste Haus weit und breit. Dort ist viel Platz. Es leuchten viele Lichter auf goldenen Leuchtern. Und es gibt köstliche Speisen zu essen. Wenn ihr Glück habt, laden sie euch ein, dort die Nacht zu verbringen.«

Als sie sich dem prächtigen Haus näherten, sagte der große Engel plötzlich zu seinem Begleiter: »Siehst du das kleine, alte Haus gleich nebenan? Ich denke, wir sollten dort klopfen.«

Der kleine Engel sah ihn mit fragenden Augen an. »Du meinst, wir sollten dort einkehren, weil Gott die Armen liebt?«

»Nein«, sagte der große Engel, »darum nicht. Du weißt doch, Gott liebt alle Menschen.«

Der kleine Engel sah sich beide Häuser genau an. »Im großen Haus ist sicher viel Platz. Aber du denkst daran, dass Gott die Kleinen liebt?«

»Nein«, kam die Antwort, »darum auch nicht.«

Der kleine Engel wurde ungeduldig. »Bitte sag mir doch, warum du im kleinen Haus anklopfen willst und nicht im großen.«

»Schau zu den Fenstern. Siehst du einen Unterschied?«, versuchte der große Engel ihm auf die Sprünge zu helfen.

Der kleine Engel lachte. »Jetzt verstehe ich.« Er blickte kurz zum Himmel, dann wieder zum Fenster des kleinen Hauses. »Dort ist nur ein fahles Licht zu sehen. Aber es strahlt eine Wärme aus, die mich an unsere Heimat erinnert.«

Der große Engel nickte. »So ist es. Das schönste Licht findest du dort, wo die Liebe zu Hause ist.«

49. Zu Gast in Gottes Welt

Langsam öffne ich die Augen und blinzle in die
Herbstsonne. Ich entdecke die Welt um mich herum wie neu, mit all ihren Farben und Formen, mit
dem Geruch von Pilzen und herabgefallenen Blättern,
dem kühlen Wind, der in meinen Haaren spielt, und
dem Licht, das mich verschwenderisch umgibt.

Mir ist, als wäre diese Welt gerade erst entstanden und
als würde ich eine Einladung erhalten: »Komm herein, fühl dich hier wohl! Sei mein Gast! Schau dir alles an, die Wälder und Berge, hier das große Meer und
dort geradeaus die weite Tiefebene. Und die anderen
Gäste – sei liebevoll zu ihnen. Sie alle sind einmalig
und großartig, geliebte Gäste, die mir wichtig sind –
so wie du!«

Ich öffne die Augen ganz. Die Vogelbeeren leuchten
rot herüber, einige farbige Blätter fallen von den Bäumen. Ich bin Gast, ich bin für meinen Gastgeber wichtig. Er hat alles mit viel Liebe vorbereitet.

50. Alles ist möglich

Schon seit langer Zeit war es eine gute Tradition für Berit, Nora und Kjell: Zweimal im Jahr trafen sie sich, um die Kinderfilme von damals wieder anzusehen. Noch einmal Kind sein, das durften sie hier. Schließlich kannten sie sich schon seit Kindertagen.

Natürlich gab es immer viel zu erzählen. Nicht nur von den alten Zeiten, sondern auch von heute und von ihren unterschiedlichen Plänen. Es tat gut, offen über alles sprechen zu können.

Bei ihrem letzten Treffen war es Berit, die zuerst reden musste. Sie erzählte von der schweren Krankheit ihres Vaters und von ihrer Sorge um ihn. Mehrmals musste sie beim Reden eine Pause machen, weil ihre Stimme versagte. Als sie fertig war, sagte sie feierlich: »Danke, dass ihr zugehört habt!«

Kjell dagegen war gerade auf einem Höhenflug. Er erzählte von einer alten Hütte, die er seit ein paar Monaten zu einem romantischen Ferienhäuschen ausbaute. »Das meiste mache ich selbst. Das ist ein Abenteuer! Wenn ich fertig bin, müsst ihr unbedingt kommen und mich besuchen!« Strahlend blickte er in die kleine Runde. Jetzt war noch Nora an der Reihe. Sie war wieder einmal unglücklich verliebt und wusste

wie gewohnt gar nicht, was sie wollte. Sie berichtete in allen Einzelheiten, und manchmal hörte es sich an wie eine lustige Komödie, dann wieder wie ein ernstes Drama.

Als sie fertig war, überlegte sie kurz, lächelte und sagte: »Ich finde es schön, dass wir nach so vielen Jahren noch befreundet sind. Stellt euch bitte mal vor, jemand kommt zu euch und weiß nicht, was Freundschaft ist. Was würdet ihr ihm sagen?«

Kjell wusste zuerst eine Antwort. »Ich sehe das so: Freundschaft bedeutet, dass wir uns gemeinsam über etwas freuen können. Also ich meine, dass wir uns mit dem anderen mitfreuen!«

Die beiden anderen stimmten ihm zu. Berit sagte leise: »Ja, ich freue mich mit dir und bin gespannt, deine tolle Hütte zu sehen, wenn sie fertig ist. Aber manchmal kann Freundschaft auch wie ein wärmendes Feuer in einer kalten Nacht sein.«

Einen Augenblick lang war es völlig still. Nora streichelte die Hand der Freundin. Dann sagte sie: »Mir gefallen eure beiden Antworten. Ich füge noch eine hinzu. Freundschaft bedeutet, dass ich immer von denselben Problemen erzählen kann und die anderen nicht genervt sind.«

Als es Zeit war, Abschied zu nehmen, fragte Kjell im Hinausgehen: »Wir gucken ja meistens alte Kinder-

filme, wenn wir uns treffen. Ich freu mich schon auf die nächsten. Aber gerade habe ich einen neuen Film gesehen, der ist völlig schräg und richtig gut. Ich war so begeistert. Habt ihr Lust, ihn beim nächsten Mal anzuschauen?«

Die beiden anderen nickten. Nora fügte noch hinzu: »Aber klar doch. Alles ist möglich!«

51. Schätze heben

Müde sitze ich in der Bahn.
Draußen ist es schon dunkel.
Ich kann nichts sehen
außer ein paar Lichtern.
Doch das Ziel ist nah.
Morgen bin ich hier zu Fuß unterwegs
und werde die Landschaft entdecken.

Ich stehe aufgeregt vor dem Museum.
Seit Wochen freue ich mich auf den Besuch.
Während ich auf den Einlass warte,
stelle ich mir bereits vor,
wie ich nach und nach
in eine andere Zeit eintauche.

In der Ferne sehe ich den Bus.
Die ersten Mitreisenden warten bereits.
Mit Laura habe ich kürzlich schon einmal telefoniert,
Sven hat mir die Einladung geschickt.
Aber noch sind mir alle Gesichter fremd.
Vielleicht schon bald
werden mir einige ans Herz gewachsen sein.
Was für ein Abenteuer!

52. Feinde oder Freunde?

Es muss etwa im Jahr 1965 gewesen sein, als Ulrich die aufregende Bahnreise zum Schüleraustausch nach Frankreich antrat. Vor der Abfahrt am Bahnhof nahm ihn sein Vater noch einmal zur Seite. »Ich bin nicht viel älter gewesen als du, da war ich auch in Frankreich. Damals war ich Soldat. Uns wurde gesagt, dass Deutsche und Franzosen für immer Feinde sind. Ich hoffe, du erlebst das anders.«

In der Nähe von Paris wurde Ulrich viele Stunden später von Luc, dessen beiden Schwestern und Eltern an einem Vorortbahnhof abgeholt. Sie sprachen alle nur französisch, und zwar unglaublich schnell. Ulrich versuchte zu lächeln und dachte an seinen Vater.

Das Leben in Lucs Familie war völlig anders, als er es von zu Hause kannte, vor allem viel lockerer. Alles war neu für ihn – das Essen, die Geschäfte, sogar die Kleidung. Auch die Sprache klang anders als im Französischunterricht. Aber mit der Zeit fühlte sich Ulrich immer wohler in der Familie. Sie waren alle freundlich zu ihm und umarmten ihn oft, was er von zu Hause gar nicht kannte. Nur der Vater von Luc war etwas zurückhaltend. Aber er war auch kaum da, weil er unter der Woche meistens beruflich unterwegs war.

Als der Abschied von der Familie nahte, setzte sich Lucs Mutter am Abend zu Ulrich. Sie sprach extra langsam, damit er sie gut verstehen konnte. »Ich will dir noch etwas erzählen. Mein Mann war als junger Soldat im Krieg. Ich glaube, es war gut für ihn, dass er dich kennenlernen durfte. Für uns alle war es eine schöne Zeit mit dir. Luc und du, ihr seid in kurzer Zeit Freunde geworden. Ich hoffe, dass zwischen unseren Ländern noch viele Freundschaften geschlossen werden.«

Am Bahnhof umarmten ihn alle und küssten ihn auf die Wangen. Ulrich hatte sich inzwischen auch an die vielen Küsse gewöhnt. Sie werden mir fehlen, dachte er.

53. Geburtstagsbrief

Liebe Kira,

zu deinem runden Geburtstag gratuliere ich herzlich und wünsche dir alles Gute! Das neue Jahr wird spannend für dich, das wissen wir beide! Schade, dass ich an deinem Festtag nicht dabei sein kann!

Heute will ich dir einmal Danke sagen für unsere tolle Freundschaft. Sie bereichert mein Leben jeden Tag, auch dann, wenn wir uns nicht sehen und nicht miteinander telefonieren. Irgendwie bist du immer dabei.

Du weißt bestimmt noch, wie wir uns kennengelernt haben, damals. Das war auf dieser sonderbaren Party, auf der wir uns beide so gelangweilt haben, bis, ja, bis du mich angesprochen hast. Wir haben uns dann tatsächlich wunderbar amüsiert. Seitdem haben wir uns nie aus den Augen verloren.

In den ersten Jahren unserer Freundschaft hat uns vor allem der gemeinsame Spaß verbunden. Wir haben ständig gelacht, stimmt's? Wir haben viel erlebt, waren unterwegs, haben interessante Leute getroffen und verrückte Sachen gemacht. Ich denke nur an die Kühe auf der Wiese, als wir plötzlich beide anfingen zu schreien und zu laufen! Oder daran, wie wir zu zweit auf einem Fahrrad durch die Stadt gefahren sind und von der Po-

lizei gestoppt wurden. Oder unsere Campingtour, als unser Zelt in einer Sturmnacht davonflog und wir es erst am nächsten Morgen wiedergefunden haben.

Heute haben wir immer noch viel Spaß! Aber es kam einiges hinzu: ganz viel Vertrauen, Ehrlichkeit, Tiefe! Ich glaube, es begann, als du in deine Ehekrise geschlittert bist. Da haben wir nächtelang geredet. Wir haben geheult wie kleine Kinder und die Sache von allen Seiten beleuchtet wie alte weise Frauen. Wir sind beide gewachsen durch diese Zeit – und unsere Freundschaft auch.
Seitdem können wir über alles reden, wirklich über alles! Wir dürfen auch das sagen, was wehtut. Wir wissen ja beide, wie wir es meinen.
Wie gesagt, wir haben immer noch viel Spaß! Wir sind weder weise noch langweilig geworden. Na ja, ein bisschen weise vielleicht – aber wenn, dann ist es eine bunte, verrückte Weisheit. Ich hoffe, dass es auch in Zukunft so bleibt: Wir wachsen beide und unsere Freundschaft auch!

Viel Spaß beim Feiern!
Deine Lara

54. Eine kleine Farbenlehre

Welche Bedeutung haben bestimmte Farben für uns? Welche Gefühle und Emotionen verbinden wir mit ihnen? Sicher empfinden wir alle unterschiedlich. Aber gewisse Zuordnungen finden sich zu allen Zeiten in den verschiedenen Kulturen:

Rot ist die Farbe der Liebe, aber auch des Feuers und der Glut.

Blau ist die Farbe des Himmels, außerdem der Klarheit, der Harmonie und des Vertrauens.

Gelb ist die Farbe der Freude und des Optimismus.

Grün ist die Farbe der Hoffnung, des Neubeginns und des Wachstums, aber auch der Entspannung.

Orange ist die Farbe der Lebensfreude, der Energie und der Kreativität.

Violett ist die Farbe der Kraft, aber auch der Veränderung und Verwandlung.

Was ist die Farbe der Freundschaft? Wenn wir unsere Freundschaften vor unserem inneren Auge vorbeiziehen lassen, stellen wir vielleicht überrascht fest: Da tauchen all diese Farben auf und noch viele mehr.

Aber das wussten wir ja schon längst: Freundschaft hat immer viele Seiten – und viele Farben.

55. Sieben Freunde

Gabriel war immer ein guter Handwerker und ein liebevoller Ehemann und Vater gewesen. Doch dann wurde er schwer krank. Er konnte lange Zeit nicht arbeiten und kein Geld verdienen. Oft war er fast verzweifelt, weil er nicht wusste, wie es weitergehen sollte. Zum Glück hatte er gute Freunde, die ihm halfen und ihn durch diese schwere Zeit begleiteten.

Als es ihm endlich wieder besser ging, lud er die Freunde zu einem kleinen Fest zu sich nach Hause ein. Ihm war es wichtig, sich einmal richtig bei ihnen zu bedanken.

Als alle versammelt waren, blickte er in die Runde. Es dauerte einen langen Moment, bis er reden konnte, so aufgewühlt war er. »Euch allen danke ich heute für eure Freundschaft, die mein Leben nicht nur an guten Tagen bereichert, sondern die sich gerade in dieser schweren Zeit bewährt hat.«

Dann wandte er sich an den ersten Freund. »Ich danke dir, dass du dir immer wieder meine Sorgen angehört hast. Auch wenn sich meine Gedanken oft im Kreis gedreht haben, es ist dir nie zu viel geworden. Ich bewundere deine Geduld.«

Sein Blick ging zum nächsten. »Dir danke ich, dass du meiner Familie beigestanden hast. Du hast die

Fenster der Kinderzimmer repariert, hast allen immer wieder Mut gemacht und ihnen mit Rat und Tat zur Seite gestanden.«

Seine Augen glänzten, als er zum dritten Freund blickte. »Dir danke ich für die wunderschönen Blumen, die du regelmäßig mitgebracht hast. So war unser Haus immer bunt und festlich geschmückt. Es war für uns alle eine Freude. Wenn ich die Augen schließe, sehe ich immer noch ein kleines Blumenmeer.«

Gabriel erhob sein Glas. »Ich trinke auf euch alle! Ich weiß nicht, was ich ohne euch getan hätte.«

Dann lächelte er dem vierten Freund zu. »Dir danke ich, dass du stets für die passenden Heilkräuter und die richtige Medizin gesorgt hast. Ich weiß nicht, aus welchen Quellen du das alles bekommen hast. Es hat viel zu meiner Heilung beigetragen.«

Er machte wieder eine Pause. Dann wandte er sich an den nächsten Freund. »Ich danke dir, dass du regelmäßig Schätze von deinem Hof mitgebracht hast, mal einen Sack Kartoffeln, einen Kürbis oder ein frisches Brot. Oft warst du unsere letzte Rettung, wenn die Speisekammer völlig leer war.«

Der sechste Freund stand direkt daneben. »Dir danke ich für deinen Rat, wenn ich nicht weiterwusste. Oft konnte ich gar nicht mehr klar denken. Aber du wusstest aus jeder Situation einen Ausweg.«

Schließlich ging Gabriel zum siebten Freund und stellte sich zu ihm. Er schluckte. Dann lächelte er. »Dir danke ich heute ganz besonders. Wenn ich niederge-schlagen war, mir selbst leidtat und viel zu ernst war – dann ist es dir immer wieder gelungen, mich aufzu-heitern und zum Lachen zu bringen.«

56. Zuhören

Ich muss nichts sagen.
Es ist schön,
einfach nur dazusitzen
und zuzuhören.

Es ist schön zuzuhören,
wenn ihr erzählt,
und in Gedanken bin ich dabei –
bei der Renovierung der alten Berghütte,
bei der Nacht am Krankenbett,
bei dem großen Umzug in Rom
und bei dem lebendigen Traum
von einem neuen Anfang.

Es ist schön zuzuhören,
wenn jemand von euch vorliest,
zarte Geschichten,
romantische Märchen
oder dramatische Berichte,
so wie die Welt
laut und leise zugleich ist.

Ich sauge alles auf.
Ich muss keinen Kommentar abgeben.
Ich muss nicht jedes Mal sagen,
dass ich so etwas Ähnliches
auch schon erlebt habe.

Ich kann zuhören
und still sein
und es mir leisten,
unwichtig zu sein –
weil ich weiß,
dass ich für euch wichtig bin.

57. Auf der Suche

Eva war wieder einmal zu Besuch bei ihrer besten Freundin. Sie liebte an Maren vor allem das Strahlen und ihr positives Wesen. Es war, als würde sie innerlich leuchten. »Maren, was meinst du – ob mir etwas fehlt? Ich bin in letzter Zeit so unzufrieden mit meinem Leben und fühle mich oft leer. Ich wäre gern so glücklich wie du!«

Die Freundin war erst einmal sprachlos. Sie goss Kaffee nach, dann sagte sie: »Ich würde dir ja gern etwas von meiner guten Laune abgeben.«

Eva lächelte kurz. »Ich weiß, dass du das tun würdest. Danke! Ich habe schon so vieles versucht – positives Denken und diverse Ratgeber. Sag mal, hast du nicht ein paar gute Tipps für mich?«

Maren holte noch ein paar Schokokekse aus dem Schrank. »Ich erzähle mal etwas von mir. Bevor wir uns kennenlernten, das muss jetzt über fünf Jahre her sein, hatte ich eine lange Krise. ›Du bist dabei, dich zu finden‹, sagte meine Mutter immer. Aber ich konnte suchen, wie ich wollte, ich fand mich nicht.«

»Du warst ja schon da«, versuchte Eva der Erzählung eine fröhliche Note zu geben.

Maren blickte die Freundin mit großen Augen an.

»Genau das ist es. Ich habe überall gesucht, dabei war ich schon da. Und dann ging es richtig los.«

Eva verstand nicht, worauf Maren hinauswollte. »Erzähl!«

Maren strahlte jetzt wieder. »Ich habe am falschen Ort gesucht. Mein Blick ging nur nach außen. Bis ich begann, wunderbare Bilder tief in mir zu entdecken.«

»Wie meinst du das?«, fragte Eva nach.

Maren war jetzt völlig aufgekratzt: »Es ist ganz einfach, aber das ist mir erst im Rückblick klar geworden. Wenn ich die Liebe suche, kann ich sie nur in mir finden. Wenn ich das Glück suche, dann hilft es nicht, in die Ferne zu blicken. Und wenn ich das Licht in mir finde, dann wird es mit der Zeit immer heller leuchten.«

Eva sah die Freundin fasziniert an. »O ja, man sieht es deutlich!«

58. Ein kleines Fest

Es gibt viele Gründe, ein Fest zu feiern: Jemand hat Geburtstag. Der Sommer zeigt sich von seiner besten Seite. Unsere Ehe ist immer noch oder wieder so aufregend wie am Anfang. Wir sind in eine neue Wohnung gezogen. Unser Sohn hat die Prüfung bestanden. Ich bin aus dem Krankenhaus entlassen worden und fange noch einmal neu an.

Wenn sich gute Freunde treffen, ist auch das ein Grund zum Feiern. Das gilt besonders dann, wenn sie sich lange nicht gesehen haben.

Aber für dieses Fest muss nicht extra eingeladen werden. Es müssen keine großen Vorbereitungen getroffen werden. Denn jedes Wiedersehen der Freunde, jedes Treffen der Freundinnen, ist ein Fest. Das gemeinsame Essen, und sei es noch so einfach, ist ein Festessen. Der Raum, in dem sie erzählen, und sei er noch so klein, ist ein Festsaal. Sie feiern – ihre Freundschaft.

59. Begegnung zwischen den Zeilen

Deutlich spüre ich das leichte Kribbeln. Es ist mal wieder Zeit für eine »Begegnung der anderen Art«. Erwartungsvoll stehe ich vor meiner Bücherwand und lasse den Blick über die unterschiedlichen Buchrücken gleiten. Manchmal halte ich inne, nehme vorsichtig ein Buch heraus und blättere kurz hinein. Dann suche ich weiter, bis ich mich schließlich entschieden habe. Fast zärtlich nehme ich einen Band in die Hand und drehe mich langsam um. Wer mich jetzt sähe, würde sich über mein verwegenes Lächeln wundern. Dann setze ich mich in meinen gemütlichen Lesesessel oder gehe in den Garten, vielleicht in den Park, und freue mich auf eine intensive Begegnung.

Schnell bin ich vertieft in eine andere Welt, in ein anderes Leben, in ungewöhnliche Vorstellungen und aufregende Träume. Und bald begegne ich ihm oder ihr, dem traurigen Helden oder der tapferen Außenseiterin, den zerstrittenen Geschäftspartnern oder dem verliebten Paar. Ich nehme an ihrem Leben teil, fiebere mit, siege und leide, und längst ist aus einem Traum eine fantastische Wirklichkeit geworden.

Manchmal reicht es bereits aus, erwartungsvoll vor den Buchrücken zu stehen, kurz durchzuatmen, und

schon fallen mir Begegnungen ein, die mein Leben bereichert haben.

Ich bin unterwegs auf einer gefährlichen Forschungsreise mit zwei Biologen irgendwo im dichten südamerikanischen Dschungel. Ich versuche, gemeinsam mit einer mutigen jungen Frau hinter das dunkle Geheimnis ihrer Familie zu kommen. Ich sitze mit einer kleinen Schar hungriger, ausgemergelter Menschen in einem dunklen Versteck und hoffe, nicht entdeckt zu werden. Ich bin mit einer begnadeten Musikerin unterwegs auf dem steinigen Weg zum großen Ruhm. Ich unterhalte mich angeregt mit einigen großen Denkern über die wichtigsten Zukunftsfragen der Menschheit.

Immer wieder stoße ich in den Büchern auf Menschen, die mir bereits von früheren Begegnungen her sehr vertraut sind. Sie tauchen sogar in meinen nächtlichen Träumen auf und beeinflussen mich, wenn ich eine wichtige Entscheidung treffen muss. Sie geben mir das Gefühl, nicht allein zu sein mit meinen Hoffnungen und Sehnsüchten. Sie flüstern mir zu, wie schön das Leben sein kann, auch dann noch, wenn sie längst wieder ihren Platz im Regal gefunden haben.

Es ist Zeit, mich zu bedanken. Danke, dass ich euch alle kennen darf! Danke, dass ihr mir immer wieder neue Welten eröffnet! Danke, dass ihr mir zeigt, wie wir auch in schweren Zeiten zuversichtlich und liebe-

voll unseren Weg gehen können! Danke, dass ihr mich seit vielen Jahren durch mein aufregendes Leben begleitet!

60. Was ist Freundschaft?

Was kannst du mir sagen
über die Freundschaft?
Ist sie eine große Aufgabe
oder ein wunderbares Geschenk?
Ist sie etwas für schwere Zeiten
oder doch eher für glückliche Tage?
Darf ich etwas geben
oder darf ich etwas nehmen?
Finde ich sie draußen im Sturm
oder in der Hütte am Kamin?

Was kannst du mir sagen
über die Freundschaft?
Ist sie ein Band für immer
oder nur für kurze Zeit?
Ist sie da für stille Stunden
oder für fröhliche Feste?
Ist sie anstrengend
oder entspannt sie mich?
Ist sie leise
oder ist sie laut?
Was kannst du mir sagen
über die Freundschaft?

61. Bei Steffi im Garten

Auf das Gartenfest hatten sich die fünf Freundinnen schon seit Wochen gefreut. Sogar das Wetter spielte mit, es war ein herrlicher, warmer Sommerabend. Als die Lampions eingeschaltet wurden und alles in buntes Licht getaucht war, sagte Nora ergriffen: »Es ist so schön hier bei dir im Garten, so romantisch!«

Sannie stand auf und rief: »Ein Hoch auf unsere Gastgeberin! Hier ist ein toller Platz, und heute ganz besonders!«

Steffi freute sich über das Lob. »Ich genieße mein kleines Paradies jeden Tag. Und ich freue mich, wenn wir es so wie heute zusammen genießen können.« Sie legte eine Pause ein, weil alle noch überwältigt waren von der romantischen Beleuchtung und dem faszinierenden Spiel der Farben und Schatten.

Schließlich ergriff sie wieder das Wort. »Ich liebe diesen Garten. Jeder Mensch braucht schließlich einen Lieblingsort. Jetzt bin ich mal neugierig, welchen Ort ihr besonders gern besucht und wo ihr euch so wohlfühlt wie ich mich hier in meinem Paradies.«

Für kurze Zeit kehrte wieder Stille ein. Alle schienen intensiv zu überlegen.

Als Erste begann Tina. »Ich liebe das kleine portugiesische Café bei uns um die Ecke. Es heißt ›Nummer

12‹, so wie die Hausnummer. Dort ist es fast gemütlicher als bei mir zu Hause. Der Kaffee ist stark, so wie ich ihn am liebsten mag. Dazu esse ich meistens ein Vanilletörtchen. Das ist so unglaublich lecker. Ich bin dort fast nie allein. Die meisten Leute sind Stammgäste. Wir kommen immer schnell miteinander ins Gespräch und sind fast wie eine große Familie.«

Sofort machte Anna weiter und erzählte von ihrem Lieblingsort: »So gemütlich wie bei dir im Café ist es auch bei uns im Wohnzimmer. Der Kamin brennt im Winter fast jeden Abend. Ich liebe das Knistern des Holzes, das flackernde Licht und den verbrannten Geruch. Am liebsten kuschle ich mich noch in eine Decke ein, obwohl es ja warm genug ist. Ich kann stundenlang dort sitzen, manchmal allein, manchmal mit meinem Liebsten oder mit Gästen. Ihr müsst auch alle mal kommen und ins Feuer starren. Das ist mystisch!«

Sannie und Nora sahen sich an. »Mach du erst mal!«, sagte Sannie und nickte der Freundin zu.

Nora strahlte. »Ich sehe sie in diesem Augenblick direkt vor mir, die kleine Hütte in den Bergen. Ich bin oft mehrmals im Jahr dort. Es gibt weder Strom da oben noch Wasser aus der Leitung. Wir waschen uns im Bach und holen Trinkwasser von der Quelle. Wir sind draußen, wenn die Sonne aufgeht und wenn sie untergeht. Der Blick ist einmalig, zu jeder Tageszeit. Ich bin gern allein dort oben, aber meistens

sind Freunde dabei. Und mit den Nachbarn ein Stück weiter unten haben wir schon die schönsten Feste gefeiert.«

Jetzt war Sannie an der Reihe. »Ihr wisst wahrscheinlich, dass ich im Museumsverein bei uns im Dorf mitmache. Wir haben einen alten, malerischen Bauernhof übernommen und zu einer Art Freizeittreff ausgebaut. Das hat mehrere Jahre gedauert, und ich kann inzwischen sogar Fenster verglasen und Dielen verlegen. Inzwischen ist fast alles fertig. Es ist eine Traumanlage geworden. Manchmal am Wochenende wird dort Kaffee ausgeschenkt. Dann versammelt sich in meinem Paradies das halbe Dorf. Und ich bin meistens mittendrin.

Alle schwiegen, als müssten sie die verschiedenen Schilderungen erst einmal verarbeiten. Einige Augen glänzten feucht.

Schließlich stand Steffi auf und sah sich in der Runde um. »Danke, dass ihr eure Lieblingsorte mit uns geteilt habt. Es sind auf ihre Art wohl alles kleine Paradiese. Und es sieht so aus, als ob jedes Paradies erst richtig schön und lebendig ist, wenn wir dort mit lieben Menschen zusammen sind. Vielleicht treffen wir uns ja beim nächsten Mal an einem eurer Lieblingsorte, in ›Nummer 12‹, am Kamin, in der Berghütte oder am alten Bauernhof. Was meint ihr?«

62. Da bin ich gern

Wenn ein Sturm heraufzieht,
will ich mich nicht hinter dem Ofen verstecken.

Da bin ich gern …
… wo die Berge im Nebel verschwinden
und ich mutig meinen Weg nach oben fortsetze.
… wo der Fluss vor Kraft brodelt
und mein lautes Rufen verschluckt.
… wo das wilde Moor mich umgibt
und ich der Gefahr mutig ins Auge blicke.
… wo der dichte Wald schon aus der Ferne
ein dunkles Geheimnis verspricht.
… wo die Wolken sich auftürmen
und ich voller Respekt nach oben blicke.
… wo die Wellen brausen
und ich dem Sturm widerstehe.
…wo der Schnee alle Spuren verdeckt
und ich die Freude am Abenteuer wiederfinde.

Am Ende meines Lebens
werde ich lieber an einen Sonnenaufgang denken
als an meine letzte Steuererklärung.

Da bin ich gern …
… wo die kleine Hütte am See
die romantische Ader in mir weckt.
… wo der Brunnen leise plätschert
und mich freundlich zur Rast einlädt.
… wo die Musik herüberklingt
und ich beschwingt weitergehe.
… wo die grünen Felder und Wiesen
sich verlockend vor mir ausbreiten.
… wo der blaue Himmel
mir strahlende Lebensfreude schenkt.
… wo der leichte, warme Wind
zärtlich meine Haut streichelt.
…wo die Blumen am Wegrand
meinen Weg schmücken.
… wo der Ginster so herrlich blüht
und meine Seele zum fröhlichen Tanz einlädt.
… wo der verwunschene Weg
mir zauberhafte Welten verspricht.

Heimat finde ich überall dort,
wo Menschen sind, denen ich vertrauen kann
und die mir vertrauen.

Da bin ich gern …
… wo die Menschen aus ihren Fenstern
mir fröhlich zuwinken.
… wo ich meine Sorgen abladen
und neue Kraft tanken kann.
… wo ein Feuer im Kamin brennt
und wir endlos Zeit zum Reden haben.
… wo ich meinen Ärger mitbringen darf
und mit einem Lächeln beschenkt werde.
… wo mir Türen offen stehen
und ich herzlich willkommen bin.
… wo der Duft von frischem Kaffee
mich einlädt, eine Weile zu bleiben.
… wo wir als Fremde zusammenkommen
und als Freunde auseinandergehen.

63. Die alte Heimat

Der Umzug liegt schon eine ganze Zeit zurück. Jetzt bin ich endlich wieder einmal in der alten Heimat unterwegs. Mein Herz schlägt schneller. Ich gehe die Straße entlang, in der ich früher so oft unterwegs war. Nachbarn und Bekannte haben mir damals so oft zugewunken. Ich weiß nicht, ob mich noch jemand erkennen würde.

Das Café ist geöffnet. Hier habe ich mich oft getroffen mit Menschen, die mir wichtig waren. Die Frau hinter dem Tresen lächelt mir zu: »Na, wieder mal im Land? Schön, dich zu sehen!« Das tut richtig gut.

Auf dem Weg zur Buchhandlung treffe ich meine alte Lehrerin. Sie erkennt mich tatsächlich und fragt interessiert, was ich inzwischen so mache. Ich blicke ihr anschließend noch lange nach, sie geht langsam und unsicher.

Dann gehe ich an dem Haus vorbei, in dem ich so oft zu Besuch gewesen bin. Das Fenster im ersten Stock scheint mir zuzuwinken, so vertraut ist es mir. Was haben wir gelacht und geredet und Pläne gemacht! Ob ich klingle? Nein, der Name am Klingelschild fehlt. Ich bin also nicht der Einzige, der umgezogen ist.

In zwei Stunden werde ich abgeholt zu einem »gemütlichen« Abend. Darauf freue ich mich schon seit

Wochen. Viel Zeit bleibt mir bis dahin nicht. Wen würde ich jetzt gerne schnell noch wiedersehen? Ich bleibe stehen und überlege. Dann spaziere ich weiter. Der Ort ist voller Erinnerungen an intensive Begegnungen und wunderbare Menschen. Ich muss nichts wiederholen. Ich fühle mich reich beschenkt. Und gleich wird es gemütlich …

64. Abschied

Abschied.
Immer wieder Abschied.
Das Leben ist eine ununterbrochene Kette
von Abschieden.
Von jedem »Heute darf ich dein Gast sein«
gibt es einen Abschied.

Keine Verbindung hat Bestand,
keine Beziehung hält für immer.
Selbst von dieser Welt
müssen wir eines Tages Abschied nehmen.
Wir sind hier zu Gast,
für eine bestimmte Zeit.

Ich will meinen Gastgeber kennenlernen.
Ich will ihm für alles danken
und seine Liebe genießen.
Er ist der Einzige,
der die endlose Kette von Abschieden
eines Tages schließen kann.

Dann möchte ich ihn erkennen,
wenn er mir entgegenkommt,
um mich in die Arme zu nehmen
und mir zu sagen:
»Willkommen zu Hause!«

65. Geburtstag in der Toskana

Wir waren drei Freunde, die sich seit vielen Jahren kannten und schon häufig gemeinsam verreist waren. Irgendwie war uns das Angebot zugeflogen, eine Woche in der Toskana zu verbringen. Die einfache Ferienwohnung lag in einem kleinen Dorf oben auf dem Berg. Es gab dort einen winzigen Laden und eine kleine Pizzeria. Zweimal am Tag fuhr der Bus.

Den vorletzten Tag unseres Urlaubs hatten wir rot im Kalender angestrichen. Da hatte einer von uns Geburtstag. Das wollten wir natürlich feiern. Aber wo? Etwa in der Pizzeria, die eher einem Schnellimbiss ähnelte?

Zwei Tage vor dem Geburtstag gingen wir Pizza essen. Einer von uns fragte mit Wörterbuch, ob wir hier Geburtstag feiern könnten. Oops! Das war nicht abgesprochen. Doch das Gesicht der Chefin, die meistens in der Küche am Herd stand, hellte sich schlagartig auf. Sie stellte viele Fragen, von denen wir nur »vino rosso«, »pesce«, »carne« und »dolce« verstanden. Wir nickten, ohne recht zu wissen, worauf wir uns einließen. Sie nannte uns einen Preis – etwas mehr als sonst bei ihr, aber es war ja auch ein besonderer Tag.

Am Geburtstag, kurz bevor wir abends zu unserer Feier aufbrachen, begann es zu gießen. Die Straßen wurden schnell zu kleinen Bächen. Aber die Zeit drängte. Also liefen wir durch den Regen und freuten uns auf den trockenen Gastraum.

Doch die Pizzeria war geschlossen. Das große Schild »chiuso« wies darauf hin. Was für eine Enttäuschung! Ob die Köchin uns falsch verstanden hatte? Oder vielleicht war etwas dazwischengekommen?

Vorsichtshalber klopften wir laut an die Tür. Gerade wollten wir im Regen zurücklaufen, als sich die Tür öffnete. Die Chefin stand da mit einem breiten Lächeln und bat uns herein. Ein Tisch stand in der Mitte, er war festlich eingedeckt. Wir waren die einzigen Gäste an diesem Abend. Feierlich zündete sie die Kerzen an und bat uns, Platz zu nehmen.

Dann begann ein Abend, wie wir ihn noch nie erlebt hatten. Uns wurden leckere Vorspeisen serviert, frischer Fisch aus dem nahen Mittelmeer und weitere Köstlichkeiten. Durch den Kerzenschein war der einfache Gastraum in einen Festsaal verwandelt.

Mittendrin strahlten das glückliche Geburtstagskind und die Köchin, die endlich einmal zeigen konnte, dass die Sterne gar nicht so weit entfernt sind.

66. Die wichtigste Freundschaft

Es gibt eine Sehnsucht in fast jedem, mit anderen Menschen befreundet und verbunden zu sein. Es ist die Sehnsucht, teilen und mitteilen zu können, ein Echo auf die eigenen Gedanken und Gefühle zu hören und in der Tiefe der Seele berührt zu werden.

Oft ist es zugleich die Erwartung, dass andere Menschen uns glücklich machen. Umso größer ist dann die Enttäuschung, wenn das ersehnte Glück ausbleibt. Der andere beachtet uns nicht genug, er langweilt uns oder ist so ganz anders, als wir es gern hätten. Wir wenden uns verletzt ab und suchen erneut nach einem Menschen, mit dem wir gern zusammen sind.

Spätestens jetzt ist es Zeit, die wichtigste Freundschaft unseres Lebens zu schließen. Dafür müssen wir uns nicht lange auf die Suche machen. Wir kennen diese Person bereits. Sie braucht unsere Liebe mehr als alle anderen. Sie braucht es, von uns geschätzt und geachtet zu werden. Sie ist der Schlüssel für alle anderen Kontakte und Freundschaften in unserem Leben. Sie ist die einzige Person, die für unser Glück verantwortlich ist.

Es ist Zeit, die wichtigste Freundschaft unseres Lebens zu schließen. Alles andere kann warten ...

67. Unerwartete Heimkehr

Nach langer Zeit war Jannis endlich wieder einmal in der Stadt, mit der ihn so viele Erinnerungen verbanden. Hier hatte er seine Kindheit und Jugend verbracht, hier war er zur Schule gegangen. Hier hatte er seine ersten Freundschaften geknüpft. Hier waren seine Wurzeln. 15 Jahre waren vergangen, seit er fortgezogen war, zuerst noch mit der Familie, doch schon bald stand er auf eigenen Füßen. Es waren lange Jahre, in denen er oft an seinen Heimatort denken musste.

Er war ohne Ziel unterwegs – dachte er. Bis er plötzlich vor seiner alten, ehrwürdigen Schule stand. Mit gemischten Gefühlen dachte er an Lehrer und Lehrerinnen. Ob ihn heute noch jemand erkennen würde?

Kleiner war sie geworden, die Schule, so kam es ihm vor. Die Kinder und Jugendlichen, die sich auf dem Pausenhof drängelten, waren so viel jünger als damals. Oder doch nicht?

Er ging weiter, wohin, wusste er nicht. Plötzlich durchzuckte es ihn: »Hier in der Nähe haben wir doch gewohnt!« Jetzt steuerte er fest entschlossen auf »sein« Haus zu. Er war aufgeregt wie schon lange nicht mehr. Dann stand er dort, wo einmal der Mittelpunkt seiner Welt gewesen war.

Der Zaun hatte eine andere Farbe als damals, das fiel ihm sofort auf. Die Haustür ebenfalls. Sein Herz klopfte laut. »Sein« Fenster im Obergeschoss grüßte herüber, als würde es sich an ihn erinnern. Doch er ging schnell weiter, die Straße hoch. Einfach stehen bleiben und auf das Haus starren, das wäre ihm peinlich gewesen. »Ich hätte klingeln können«, kam ihm kurz in den Sinn, »aber das tut man nicht!«

Er ging immer noch die Straße hoch. »Warum eigentlich nicht?«, fragte er sich. »Ich könnte ja, oder doch nicht?«

Abrupt drehte er um. »Wer weiß, wann ich wieder einmal hier in der Stadt bin. Jetzt oder nie!« Er klingelte an »seiner« Tür. Eine junge Frau öffnete und blickte ihn fragend an. Zwei kleine Kinder standen hinter ihr und quengelten. »Entschuldigung, ich will nicht stören. Ich habe früher mal in diesem Haus gewohnt und dachte, also, ich …«

Fünf Minuten später saß Jannis mit der Frau im Wohnzimmer und trank grünen Tee. Er blickte immer wieder in den Garten. »Das ist ja ein richtiges Kinderparadies geworden«, sagte er und sah fast ein wenig neidisch zu den beiden Kleinen. »Ich war auch noch ganz klein, als ich mit meinen Eltern hierherzog. Im Garten standen damals drei alte Obstbäume. Als die nicht mehr trugen, wurden sie gefällt.« Er fühlte sich wie auf einer Zeitreise.

Die Frau fragte ihn, welches damals die Kinderzimmer waren. Sie sah ihn dabei mit großen Augen an. »Ich habe bisher nie darüber nachgedacht, dass unser Haus auch eine Vergangenheit hat. Und irgendwie verbindet ein Haus ja Menschen, die sich gar nicht kennen.« Sie lächelte ihm kurz zu.

Jannis konnte es kaum abwarten, bis der versprochene Rundgang begann. »Kommen Sie, manches werden Sie gar nicht wiedererkennen.« Das Bad, die Küche – alles war neu und sehr modern. Sein ehemaliges Zimmer hatte sich zum Glück kaum verändert. Das Zimmer der Schwester, das Elternschlafzimmer – sie wirkten nur deutlich kleiner als damals.

Sie gingen vom Wohnzimmer hinaus auf die Terrasse. Jannis blickte nach rechts, dorthin, wo die Nachbarn damals ihre Garage gebaut hatten. »Da, der Ahorn an der Garage, den haben wir gepflanzt, vor tausend Jahren!«, stellte er erfreut und wehmütig zugleich fest.

Plötzlich ging er in die Knie. Am Beet lag ein großer, bunt bemalter Stein. Er streichelte ihn zärtlich. »Mit Pinsel und Farbe«, murmelte er. »Und lackiert für die Ewigkeit!«

Als Jannis sich nach über einer Stunde verabschiedete, sah er sehr zufrieden aus. »Danke, dass Sie mich hereingelassen haben. Ich glaube, das Haus ist bei Ihnen in guten Händen.«

Sie nickte. »Wir lieben unser Haus. Und danke, dass Sie von Ihrem Haus erzählt haben.« Sie lachte und winkte ihm fröhlich hinterher.

68. Willkommen!

Lange nicht gesehen
oder gerade erst gestern.
Zu gar nichts Lust
oder voller Tatendrang.
Völlig sprachlos
oder in Erzähllaune.
Auf dem Sprung
oder für einen langen Abend.

Mit einem Blumenstrauß
oder mit leeren Händen.
Traurig und enttäuscht
oder ins Leben verliebt.
So wie immer
oder ganz anders.
Schlicht und einfach
oder völlig schrill.

Auf jeden Fall –
herzlich willkommen!

69. Post für Katharina

Im vergangenen Jahr konnte sie ihren 80. Geburtstag feiern. Sie war längst nicht mehr die junge Frau von einst, als sie ihre große Liebe gefunden hatte. Das Leben war schwer geworden. Seit vielen Jahren wohnte sie allein mit ihrem Hund in ihrem kleinen Häuschen, das ein gutes Stück vom Ort entfernt lag. Ein schmaler, langer Weg führte von der Hauptstraße zu ihr.

Jeden Morgen ging Katharina am Stock erwartungsvoll zu ihrem Briefkasten, der an einem Pfosten direkt an der großen Straße befestigt war. Meistens war er leer. Mal fischte sie Reklame aus dem grünen Kasten, manchmal eine Rechnung von den Stadtwerken.

Eines Tages kam die Postbotin direkt zu ihrem Haus, weil sie ein Einschreiben abzugeben hatte. Es war leider wieder nur ein Behördenschreiben. Der Hund bellte aufgeregt.

Katharina sah plötzlich ihre große Stunde gekommen. Sie wünschte sich doch so sehr einen Brief oder sogar einen persönlichen Besuch. Sie lud die junge Zustellerin mutig auf einen Kaffee ein. Die hätte das normalerweise wohl abgelehnt. Aber als sie den flehentlichen Blick der alten Frau sah, entschied sie sich zu bleiben.

So hatte Katharina die Möglichkeit, endlich mit jemandem zu reden. Sie erzählte von ihrer Freundin, die vor vielen Jahren nach Amerika ausgewandert war. Jedes Jahr zum Geburtstag hatte sie Katharina einen Brief geschrieben. Jedes Jahr – bis zu ihrem 76. Geburtstag. »Wie hieß sie noch mal?«, überlegte sie. Das Gedächtnis wollte nicht mehr so wie früher. »Ja, das war die Luise, glaube ich.« Danach bekam sie noch einmal einen richtigen Brief, der war vom Bürgermeister zum 80. Geburtstag. Der Brief war gedruckt, aber persönlich unterschrieben. So schnell sie das mit ihren alten Gelenken und Knochen konnte, ging Katharina zu der dunklen Kommode und holte den Brief. »Sehen Sie«, zeigte sie ihn stolz ihrem Gast, »das ist er.«

Zwei Wochen später kam die Postbotin wieder auf einen Kaffee vorbei. Sie brachte eine Reklamesendung mit. »So müssen Sie nicht den Weg zum Briefkasten machen«, sagte sie lächelnd. Katharina erzählte aufgeregt von ihrem Geburtstag. »In drei Wochen ist es so weit. Mein größter Wunsch ist, dass mir jemand einen Brief schickt. Vielleicht lebt meine Freundin ja doch noch. Der Bürgermeister schickt wohl nur zu runden Geburtstagen einen Gruß.«

Katharina erzählte noch von ihrer großen Liebe, das ist lange her, von dem Apfelbaum im Garten und von den Kürbissen: »Die werden in diesem Jahr besonders groß.«

An ihrem Geburtstag ging sie wie jeden Tag zum Briefkasten. Sie war sehr aufgeregt. Den Schmerz beim Gehen spürte sie an diesem Tag kaum. »Vielleicht die Freundin, wie hieß sie noch mal, oder vielleicht doch der Bürgermeister? Ein Brief wäre heute mein schönstes Geschenk!«

Sie fasste vorsichtig in den grünen Briefkasten. Nichts. Oder doch? Was war das? Tatsächlich, Augenblicke später hielt sie einen rosa Brief mit ihrer Adresse in der Hand, sorgfältig in Druckbuchstaben geschrieben. Ihr Herz schlug schneller. Sie hatte Geburtstag und bekam tatsächlich Post!

Als Katharina wieder in ihrem kleinen Haus war, sprang der Hund aufgeregt um sie herum. Er spürte wohl, dass sie anders war als sonst. Mit zitternden Händen öffnete sie den Brief. In schöner Handschrift wurde ihr darin zum Geburtstag gratuliert. Außerdem, so las sie, könne sie stolz sein auf ihre großen Kürbisse. Daneben war ein wunderschöner Apfelbaum gezeichnet. Unterschrieben war der Brief mit »Deine Freundin«.

Die Freude war groß. Immer wieder entfaltete sie den Brief. »Ich bin ja doch nicht vergessen worden!«, murmelte sie strahlend. Ihre Wangen glühten wie damals, als sie jung verliebt war. Sie nahm den Umschlag in die Hand. »Ich musste nicht einmal Nachporto zahlen, obwohl keine Briefmarke darauf klebt!«

Sie wäre jetzt am liebsten durch den Garten getanzt. Doch das klappte nur ansatzweise. »Was habe ich doch für ein Glück! Vielleicht kommt in nächster Zeit ja wieder einmal die junge Frau von der Post vorbei. Der habe ich viel zu erzählen!«

70. Deine Lieblingsmusik

Spiel mir deine Melodie,
zeig mir, was du gerne hörst.
Laut und leise,
romantisch und schrill –
ich höre, was du hörst,
ich fühle, was du fühlst,
verliere mich für einen Moment,
bin tief gerührt,
gehe auf dünnem Eis
und platze vor Glück.

Es klingt vertraut
und völlig fremd,
es schenkt mir Frieden
und macht mir Angst,
es schläfert mich ein
und lässt mein Herz schneller schlagen.

Es weht herüber,
das Gurgeln des Baches,
das Bellen eines Hundes,
das Rauschen der Bäume,
das Kreischen der Maschinen,
das Donnern am Himmel,

das Jauchzen der Kinder
und das Summen der Bienen.

Spiel mir deine Melodie,
zeig mir, was du gerne hörst,
was in dir vibriert
und kostbare Erinnerungen weckt,
was dich am Leben hält
und dich auf deiner Reise begleitet.

Spiel mir deine Melodie,
ich bleibe stumm
und singe mit.
Noch lange tanze ich
den Klängen und Rhythmen
hinterher.

71. Ich liebe Besuch

Julia war gerade dabei, die Teller und Gläser vom vorigen Abend in den Geschirrspüler zu stellen und alles ordentlich aufzuräumen. Dabei summte sie eine fröhliche Melodie und lächelte. Sie dachte an den Besuch gestern, die tollen Gespräche und ganz viel Spaß. Sie liebte Besuch.

Da klopfte es. Julia legte schnell den feuchten Lappen auf den Tisch und öffnete die Tür. Da stand Bea, ihre Nachbarin aus der Wohnung gegenüber. Bea sah müde und unglücklich aus.

Julia öffnete die Tür weit und zeigte nach hinten. »Komm erst mal rein! Was gibt's bei dir? Ist alles in Ordnung?«

Bea folgte ihrer Nachbarin und ließ sich erschöpft in einen der Stühle am Küchentisch fallen. »Hast du einen Kaffee für mich?«

Julia stellte den Wasserkocher an. »Jetzt erzähl mal, was ist los?« Sie setzte sich zu ihrer Besucherin. Die erzählte von ihrem treulosen Partner und von der schmerzhaften Trennung und der ständigen Einsamkeit. Julia hörte die Geschichte nicht zum ersten Mal.

Der Kaffee schien Bea gutzutun. Julia legte ihr noch etwas Schokolade dazu. »Du solltest dir auch öfter mal

Besuch einladen. Dann bist du nicht so einsam. Du hast doch die beiden Freundinnen aus der Vorstadt.«

Bea winkte ab. »Besuch ist ja ganz schön, wenn er da ist. Aber hinterher ist alles nur noch schlimmer. Dann spüre ich meine Einsamkeit viel deutlicher. Mein Besuch bricht fröhlich auf, und ich breche fast zusammen, weil ich wieder allein bin.«

Julia wickelte die Schokolade aus. »Hier, das ist gut für die Stimmung!« Dann setzte sie sich aufrecht hin und blickte der Nachbarin fest in die Augen. »Ich will dir etwas erzählen. Du musst wissen, ich liebe Besuch. Gestern waren Paul und Jana da, ich weiß nicht, ob du sie kennst. Das war so ein fröhlicher Abend. Ich bin immer noch gut gelaunt, wenn ich daran zurückdenke. Vorhin beim Aufräumen habe ich ständig gesungen, als ich an gestern dachte. Ihr Besuch hat einen tollen Nachklang.«

Bea sah sie erstaunt an und hörte weiter interessiert zu. »Vor ein paar Tagen waren meine drei Freundinnen aus der Schulzeit mal wieder bei mir. Da haben wir über die alten Zeiten und die Jungs geredet und fühlten uns wieder wie Teenager. Seitdem fühle ich mich glatt drei Jahre jünger als vorher.«

Bea schüttelte fassungslos den Kopf. »Bist du denn gar nicht traurig, wenn der Besuch geht und du wieder allein bist?«

Jetzt lachte Julia wie ein junges Mädchen. »Irgendwie bleibt der Besuch ja bei mir, das Lachen, die Leichtigkeit, die Freundschaft. Manchmal bleibt auch die Trauer, wenn jemand von einem bitteren Abschied erzählt und etwas Trost braucht. Hinterher habe ich dann oft das Gefühl einer tiefen Verbundenheit. Auch die bleibt.«

Bea sah auf die Uhr. »Entschuldigung, jetzt habe ich dich schon so lange aufgehalten. Danke für deine Geduld und für die Schokolade.« Sie steckte sich schnell das letzte Stück in den Mund.

Julia stand auf. »Ich will dir noch etwas verraten. Gleich, wenn du gegangen bist, werde ich denken: Was für eine tolle Nachbarin ich doch habe. Dann werde ich den süßen Geruch der Schokolade genießen und mich auf den Augenblick freuen, wenn du mal wieder bei mir anklopfst.«

72. Schon immer Freundschaft

Zu allen Zeiten haben sich die Menschen intensiv Gedanken über die Freundschaft gemacht. Sie haben sie gelobt, diskutiert, beschrieben und besungen.

Schon der griechische Philosoph Epikur, der im vierten und dritten Jahrhundert vor Christus lebte, schätzte die Freundschaft höher als alles andere. Er, der sein Leben lang über das Glück und die Lust philosophiert hat, schrieb: »Von allen Geschenken, die uns das Schicksal gewährt, gibt es kein größeres Gut als die Freundschaft – keinen größeren Reichtum, keine größere Freude.«

Über 200 Jahre später stimmte der römische Philosoph und Politiker Cicero in das Lob der Freundschaft ein: »Anteilnehmende Freundschaft macht das Glück strahlender und erleichtert das Unglück.«

Unzählige Zitate und Aphorismen über die Freundschaft sind aus den Jahrhunderten danach überliefert. Im 19. Jahrhundert machte sich der amerikanische Philosoph Ralph Waldo Emerson Gedanken darüber, was die Voraussetzung für eine Freundschaft ist: »Es gibt nur eine Möglichkeit, einen Freund zu haben: Man muss selbst einer sein.« Also nicht nur nehmen, sondern auch geben.

Wenige Jahre später schrieb der amerikanische Schriftsteller Mark Twain, dass wahre Freunde gerade dann zueinanderstehen, wenn andere sich abwenden. »Die eigentliche Aufgabe eines Freundes ist, dir beizustehen, wenn du im Unrecht bist. Jedermann ist auf deiner Seite, wenn du im Recht bist.«

Wir haben wohl fast alle schon erlebt, dass die Freundschaft für uns gerade in schweren Zeiten besonders wichtig war, uns begleitet und vielleicht auch getragen hat. Der Lyriker Rainer Maria Rilke schrieb: »Keine Straße ist lang mit einem Freund an der Seite.«

Vielleicht machen Sie sich auch einmal auf die Suche nach solchen kurzen Texten über die Freundschaft. Was ist wohl Ihr Lieblingszitat?

73. Über kurz oder lang

Neulich kam ich in einem Café mit zwei freundlichen älteren Damen ins Gespräch. Jede Woche, so erfuhr ich, treffen die beiden sich hier. »Wir sind schon seit über 50 Jahren befreundet«, klärte mich die eine auf. »Seit der Schulzeit. Und seitdem haben wir uns nie aus den Augen verloren.«

Beide waren sehr stolz auf diese gegenseitige Treue, das war deutlich zu spüren. »Gerade in so schnelllebigen Zeiten wie heute ist es wichtig, etwas Beständiges im Leben zu haben!«, fügte die andere hinzu.

Nun weiß ich natürlich nicht, wie sich die Freundschaft der beiden genau gestaltet. Ob sie nur zusammen Sahnetorte essen und von früher erzählen? Oder ob ihre Freundschaft immer noch so aufregend und lebendig ist, wie sie es früher vielleicht einmal war?

Eine Freundschaft ist nicht dadurch besonders gut, dass sie ein Leben lang Bestand hat. Manche Freundschaft dauert nur eine kurze, intensive Zeit. Und manche ist noch nach vielen Jahren ein wahrer »Glücksfall«.

74. Ich wünsche dir

Ich wünsche dir Geborgenheit –
Frieden im Herzen
und Vertrauen ins Leben,
einen fröhlichen Glauben
und Freundschaft mit dir selbst.
Ich wünsche dir Menschen,
denen du zutiefst verbunden bist,
und zur rechten Zeit Orte,
an denen du Ruhe findest
und Kraft tanken kannst.

Ich wünsche dir Bewegung –
dass du deinen Ruheplatz
immer wieder gern verlässt,
dass du neugierig bleibst
und jeden Tag etwas dazulernst,
dass du die Herausforderungen annimmst,
dich gern überraschen lässt
und niemals aufhörst,
zu wachsen und aufzublühen.

Ich wünsche dir Lebendigkeit –
dass du alles gibst,
an deine Grenzen gehst
und schwerelos durchs Leben tanzt,
dass du weinst und liebst und lachst,
dass du den Himmel in dir spürst
und niemals aufhörst,
dich vom Leben und von der Liebe
begeistern zu lassen.

75. Selbst entscheiden

Ich hatte Eva seit Jahren nicht mehr gesehen. Als ich sie kürzlich zufällig traf, erkannte ich sie kaum wieder. Sie hatte sich so verändert! Sie war offen und selbstbewusst geworden – während sie früher eher schüchtern war und stets versuchte, es den anderen in allem recht zu machen.

Ich war neugierig geworden. »Gibt es ein Geheimnis hinter deiner wunderbaren Verwandlung?«, fragte ich gespannt. »Willst du es mir erzählen?«

Sie lächelte. »Ja, das tue ich gern!« Dann hat sie tatsächlich ihr »Geheimnis« mit mir geteilt. Ich versuche einmal, es aus der Erinnerung wiederzugeben:

»Früher dachte ich immer, ich muss gekleidet sein wie die anderen.

Ich dachte, ich muss glauben, was die anderen glauben. Ich dachte, ich muss reden wie die anderen. Ich dachte, ich muss tun, was die anderen tun. Ich dachte sogar, ich muss lachen, wenn die anderen lachen. Woran das lag? Ich war wohl völlig unsicher. Ich tat alles, um dazuzugehören und geliebt zu werden.«

Sie machte eine kurze Pause. Meine Spannung wurde noch größer. »Eines Tages stand ich vor dem Spiegel und blickte mich unsicher an. Es kam mir vor, als

würde ich eine fremde Person vor mir sehen. ›Wer bin ich? Was will ich wirklich?‹, fragte ich mich. Ich wusste keine Antwort darauf. Da wurde mir klar: Ich hatte mich verloren. Und das tat so weh, dass ich es kaum ertragen konnte.

Gleich dort vor dem Spiegel fasste ich einen Entschluss: Ich werde herausfinden, wer ich bin. Ich werde herausfinden, wie ich mich kleiden will, was ich glaube, was ich mag und worüber ich gern lache und worüber nicht.

Es begann ein aufregender Weg. Ich ging durch Höhen und Tiefen. Und ich veränderte mich, du hast es selbst bemerkt. Ich wurde endlich ›ich‹. Einige Freundschaften sind zerbrochen, andere sind umso intensiver geworden.

Heute liebe ich es, in den Spiegel zu blicken. Dann sage ich zu meinem Spiegelbild: ›Schön, dass du da bist!‹ Und dann lachen wir beide.«

76. Seelenverwandt

Hunter schlenderte gemütlich über den romantischen Marktplatz des alten Städtchens. Er liebte die historischen Orte hier. So etwas kannte er aus seiner Heimat nicht.

An einer Ecke des Platzes blieb er plötzlich wie gebannt stehen. Ein junger Mann, etwa in seinem Alter, spielte völlig versunken Gitarre und sang dazu. Hunter setzte sich auf eine Bank, um zuzuhören, und vergaß alles um sich herum. Er liebte die Songs, die der fremde Musiker sang, sie schenkten ihm Heimat in der Fremde. Es waren gefühlvolle Balladen in Hunters Sprache.

Als der Sänger Pause machte, kamen die beiden ins Gespräch. Es stellte sich heraus, dass sie denselben Musikgeschmack und auch sonst ähnliche Interessen hatten. Pascal zog im Urlaub durch die Städte seiner Heimat und musizierte. Hunter hatte seinen Urlaub schon fast hinter sich. In drei Tagen sollte der Flieger ihn nach Hause bringen.

Pascal und Hunter entschlossen sich spontan, die nächsten beiden Tage gemeinsam zu verbringen. Es begann eine aufregende, unvergessliche Zeit. Sie sangen zusammen, saßen dort am Wasser, wo sich die

183

jungen Leute trafen, aßen Weißbrot und Käse und frische Muscheln und tranken den Landwein von den Weinbergen ganz in der Nähe.

Hunter erzählte von seinen Plänen und Träumen und von seiner großen Liebe, die ihm kurz vor dem Abflug den Laufpass gegeben hatte. Dabei war die Reise von beiden gemeinsam geplant gewesen. Er erzählte von seiner Heimat und von seinem Engagement für eine friedliche Welt.

Danach sangen sie gemeinsam den Song vom Wind, der allein die Antwort auf alle Fragen weiß und sie einfach fortweht.

Später sang Pascal ein Lied, das er selbst geschrieben hatte. Es war ein Lied voller Schmerz und zugleich voller Hoffnung und Übermut.

Wie im Flug vergingen die Stunden. Es war wie ein Rausch. Sie erzählten und lachten und sangen und liefen am Fluss entlang.

Am letzten Tag sagte Pascal morgens zu seinem neuen Freund: »Ich habe noch etwas, das ich dir mit auf die Reise geben will. Ich muss es nur noch holen. In zwei Stunden bin ich zurück. Dann begleite ich dich zum Flughafen, und wir tauschen noch unsere Adressen aus.«

Nach zwei Stunden stand er am verabredeten Ort. Doch von Hunter war nichts zu sehen. Pascal blickte sich suchend um. Ein paar Jugendliche standen in der

Nähe. Sie kamen herüber, als sie den Musiker erkannten. »Wir sollen dir sagen, dass der Flug verschoben wurde. Knapp drei Stunden früher. Der Fremde war völlig aufgeregt und ist sofort los Richtung Flughafen.«

Als Pascal mir die Geschichte viele Jahre später erzählte, strahlten seine Augen: »Wir waren seelenverwandt. Das war magisch, absolut magisch!« Er senkte kurz den Blick. »Ich habe nie wieder etwas von ihm gehört.« Dann sang er den Song vom Wind, der allein die Antwort kennt.

77. Siebenundsiebzigmal Freundschaft

Freundschaft hat viele verschiedene Seiten. Etliche davon sind uns in diesem Buch begegnet.

Freundschaft kann sehr eng sein und äußerst locker. Sie kann viele Jahre dauern oder nur eine kurze, intensive Zeit. Sie kann laut sein und leise, überschäumend und zurückhaltend.

Freundschaft ist zwischen Jung und Alt möglich, zwischen Groß und Klein, zwischen Alteingesessenen und Zugezogenen. Freundschaft kann Menschen verbinden, die sich ähnlich und die völlig unterschiedlich sind.

Freundschaft kann langsam einschlafen und nach vielen Jahren wieder geweckt werden. Sie kann plötzlich enden und ein Leben lang andauern. Sie kann sich bei einem Segeltörn bewähren und bei der gemeinsamen Firmengründung, in der Fußballmannschaft und bei einer Wanderung in den tief verschneiten Bergen, in der Küche und auf dem Tanzboden, in der Kirche und auf dem Motorrad.

Freundschaft ist möglich zwischen Familien, Städten und Ländern. Sie kann Wunden heilen und Träume verwirklichen. Sie kann das Unmögliche möglich machen.

Freundschaft beginnt bei uns selbst. Wer mit sich befreundet ist, wird viele weitere wunderbare Freundschaften schließen. Mit jeder Freundschaft wird unsere eigene kleine Welt etwas größer und lebenswerter.

Wenn wir auf unser Leben zurückblicken, fallen uns in besonderer Weise die guten Begegnungen und Freundschaften ein. »Alles wirkliche Leben ist Begegnung«, sagte der jüdische Religionsphilosoph Martin Buber. Und die schönsten Begegnungen, so können wir hinzufügen, sind voller Freundschaft, Liebe und Verständnis.

Über den Autor

Rainer Haak wurde in Hamburg geboren. Nach dem Theologiestudium und einigen Semestern Medizin war er u. a. als Jugendpfarrer für über 80 Gemeinden aktiv. Seit 1990 ist er hauptberuflich als freier Schriftsteller tätig. Die Gesamtauflage seiner Bücher liegt bei über neun Millionen Exemplaren.
www.rainerhaak.de

Das Glück im Alltag entdecken

Das Glück ist überall zu finden. Vor allem auch in den kleinen Dingen und unscheinbaren Momenten. Diese 77 Glücksanstöße sind heitere, bewegende und auch nachdenkliche Geschichten, Gedichte, Märchen und Erzählungen, die uns helfen, den Reichtum unseres Lebens neu zu entdecken. So werden ein Tag im Garten, das liebe Wort vom Nachbarn oder die Freunde, mit denen wir beschenkt sind, zu wahren Glücksbringern.

Rainer Haak

77 mal Glück
Für ein gutes Leben

Hardcover mit veredelter Buchdecke
192 Seiten · Zahlreiche s/w-Fotos
ISBN 978-3-96340-115-2
€ [D] 10,– · € [A] 10,30

Zuversichtlich durchs Leben gehen

Zuversicht ist die Kunst, optimistisch nach vorne zu blicken – ein festes Vertrauen, dass am Ende alles gut wird, allen Widrigkeiten zum Trotz. Oft braucht es nur einen kleinen Anstoß, um sie zu finden. Rainer Haak erzählt 77 Mutmach-Geschichten, die uns an das Gute glauben lassen, Zuversicht schenken und dabei helfen, hoffnungsvoll und positiv durchs Leben zu gehen.

Rainer Haak

77 mal Zuversicht
Für ein Leben voller Hoffnung

Hardcover mit veredelter Buchdecke
192 Seiten · Zahlreiche s/w-Fotos
ISBN 978-3-96340-145-9
€ [D] 10,– · € [A] 10,30

Besuchen Sie uns im Internet:
www.bene-verlag.de

Fotos: Shutterstock.com: S. 7 Tomas_Ondrejka / S. 13 Okrugin Evgeniy /
S. 30 Almaran / S. 39 goodluz / S. 42 Smit / S. 48 MaryShutterstock /
S. 58 Rawpixel.com / S. 66 Roman Samborskyi / S. 70 Sixth7sense /
S. 80 Lorelinka / S. 82 Gladskikh Tatiana / S. 87 Anna Om / S. 97 slonme /
S. 110 Marciobnws / S. 116 Oliver Hoffmann / S. 125 Armin Staudt /
S. 139 Africa Studio / S. 147 Stefan Schurr / S. 151 GotovyyStock /
S. 156 iacomino FRiMAGES / S. 169 Anele Nova / S. 188 Stefan Weigand

Originalausgabe September 2021
© 2021 bene! Verlag
Ein Imprint der Verlagsgruppe
Droemer Knaur GmbH & Co. KG, München
Lektorat: Andrea Langenbacher und Stefan Wiesner
Cover- und Innengestaltung: Maike Michel
Coverabbildung: Shutterstock / Liliana_Danila
Druck und Bindung: CPI books GmbH, Leck
ISBN 978-3-96340-188-6

5   4   3   2